Besteuerung und Zahlungsbilanz

Von

Karl Häuser,
Jürgen Pahlke, Rolf Peffekoven

Herausgegeben von Willi Albers

DUNCKER & HUMBLOT / BERLIN

Schriften des Vereins für Socialpolitik

Gesellschaft für Wirtschafts- und Sozialwissenschaften

Neue Folge Band 68

SCHRIFTEN DES VEREINS FÜR SOCIALPOLITIK

Gesellschaft für Wirtschafts- und Sozialwissenschaften

Neue Folge Band 68

Besteuerung und Zahlungsbilanz

DUNCKER & HUMBLOT / BERLIN

Besteuerung und Zahlungsbilanz

Von

Karl Häuser,
Jürgen Pahlke, Rolf Peffekoven

Herausgegeben von Willi Albers

DUNCKER & HUMBLOT / BERLIN

Alle Rechte vorbehalten
© 1972 Duncker & Humblot, Berlin 41
Gedruckt 1972 bei Berliner Buchdruckerei Union GmbH., Berlin 61
Printed in Germany
ISBN 3 428 02814 7

Vorwort

Bei Maßnahmen zur Beseitigung eines außenwirtschaftlichen Ungleichgewichts und damit verbundener expansiver oder kontraktiver Wirkungen ist das Interesse der Öffentlichkeit in erster Linie auf Wechselkursänderungen gerichtet. In der vorliegenden Veröffentlichung wird dargestellt, in welcher Weise mit der Steuerpolitik entsprechende Wirkungen auf die außenwirtschaftlichen Beziehungen erreicht werden können.

Der erste Beitrag über Steuerausgleichsmaßnahmen an der Grenze von Häuser untersucht, inwieweit derartige Maßnahmen mit den GATT- und EWG-Regeln vereinbar sind und ob sich mit ihrer Hilfe die gleichen Wirkungen wie mit einer Änderung der Wechselkurse erreichen lassen. Neben ökonomischen gehen auch politische Überlegungen in die Untersuchungen ein. In einem zweiten Beitrag vergleicht Peffekoven die unterschiedlichen Wirkungen des Bestimmungs- und Ursprungslandprinzips auf die Außenhandelsströme. Dabei verwendet er als Maßstab die Veränderung der Handelsbilanz, Abweichungen vom Handelsoptimum oder vom Produktionsmaximum sowie die Aufteilung der Steuererträge auf Export- und Importländer. Er kommt zu dem Ergebnis, daß keine der beiden Methoden zu unter allen drei Gesichtspunkten optimalen Bedingungen führt, gibt allerdings dem Ursprungslandprinzip den Vorzug. Im letzten Beitrag schließlich behandelt Pahlke spezielle steuerliche Maßnahmen innerhalb der Verbrauchs- und Kostensteuern, sowie Belastungen des Kapitalverkehrs und der Kapitalerträge. Dadurch wird deutlich, daß im Gegensatz zu Wechselkursänderungen mit Hilfe steuerlicher Maßnahmen differenzierte Wirkungen auf die Handels- und Kapitalbilanz erreicht werden können.

Kiel, den 11. Juli 1972

Willi Albers

Inhaltsverzeichnis

Steuerausgleich an der Grenze versus Wechselkursänderung
Von Professor Dr. *Karl Häuser*, Kronberg 9

Das Bestimmungs- und Ursprunglandprinzip bei Steuern im grenzüberschreitenden Verkehr
Von Professor Dr. *Rolf Peffekoven*, Bochum 33

Spezielle Steuern als Mittel zur Beeinflussung der Handels- und Kapitalbilanz
Von Professor Dr. *Jürgen Pahlke*, Bochum 65

Contents

Border Tax Adjustments versus Changements of Exchange Rates
By Professor Dr. *Karl Häuser*, Kronberg 9

Destination or Origin Principle in International Trade
By Professor Dr. *Rolf Peffekoven*, Bochum 33

Special Taxes as a Means for Influencing the Trade Balance and the Balance of Capital Transactions
By Professor Dr. *Jürgen Pahlke*, Bochum 65

Steuerausgleich an der Grenze versus Wechselkursänderung[1]

Von *Karl Häuser*, Kronberg

I. Vorbemerkungen

Gegenstand unserer Betrachtung ist jene Manipulierbarkeit der Handels- und Zahlungsbilanz eines Landes, die sich ausschließlich indirekter Steuern bedient und dabei innerhalb der durch das GATT vorgeschriebenen Regeln des internationalen Handels bleibt. Dieses Problem wird, soweit es bisher in der Literatur behandelt worden ist, in englischer Sprache häufig unter der Bezeichnung „border tax adjustment" diskutiert. In der deutschen Literatur taucht es dagegen meist unter dem Titel „Ursprungs- und Bestimmungslandprinzip" auf. Es mag an der Unmöglichkeit liegen, den englischen Ausdruck „border tax adjustment" in eine akzeptable deutsche Fassung zu bringen, wenn im Deutschen zwar vom Ursprungs- und Bestimmungslandprinzip, aber kaum vom Grenzsteuerausgleich oder, mit einem weniger monströsen Ausdruck, vom Steuerausgleich an der Grenze gesprochen wird.

Natürlich sind border tax adjustments nicht dasselbe wie Ursprungs- und Bestimmungslandprinzip, aber eben deswegen muß die auffallende Akzentverschiebung registriert werden, die in der amerikanischen und englischen Literatur zu zahlreichen und umfänglichen Darstellungen und Untersuchungen unter dem Titel border tax adjustment geführt haben, während besonders in Deutschland, aber auch in anderen EWG-Ländern eine inhaltlich ähnliche Thematik ihren literarischen Niederschlag vorwiegend unter dem Titel Ursprungslandprinzip versus Bestimmungslandprinzip gefunden haben[2].

---

[1] Ich bin den Teilnehmern an der Sitzung des Finanzwissenschaftlichen Ausschusses des Vereins für Socialpolitik (Sitzung vom 3. und 5. Juni in St. Gallen) für Hinweise und Kritik dankbar. Für etwa verbliebene Fehler oder Mängel ist der Verfasser allein verantwortlich.

[2] Die einzige mir bekannte Ausnahme in der deutschen Literatur, die sichtlich im Titel den Steuerausgleich an der Grenze und nicht das Bestimmungs- oder Ursprungslandprinzip herausstellt, ist *H. Mesenbergs* „Der steuerliche Ausgleich beim Grenzübergang im internationalen Handel". Schriftenreihe „Steuerrecht und Steuerpolitik", Heft 9, Heidelberg 1970. Daß sich die deutsche Literatur dagegen mehr mit dem Thema Bestimmungs- und Ursprungslandprinzip befaßt, geht auch aus dem Beitrag von R. Peffekoven (in diesem Band) deutlich hervor. Vgl. dort insbesondere die Literaturhinweise auf *Bombach, Giersch, Möller, Sievert*, u. a. Als wichtige Darstel-

Trotz der unterschiedlichen Betonung in der Thematik — Ursprungs- und Bestimmungslandprinzip in Deutschland und in der EWG, border tax adjustments in den USA — konzentriert sich das Interesse häufig auf denselben Punkt: Die steuerliche Beeinflussung der Handels- und Zahlungsbilanz, die innerhalb jener völkerrechtlichen Regeln und Abkommen erlaubt sind, wie sie für die Mitgliedsländer des GATT, der OECD, des IMF, der EWG usf. gelten.

Es wird ohne weiteres einleuchten, daß die Besteuerung des Warenverkehrs und der Steuerausgleich an der Grenze für das GATT, für die Europäische Wirtschaftsgemeinschaft und überhaupt für Zoll- und Handelsvereinbarungen von großer Bedeutung sind. Aber es mag zunächst fragwürdig erscheinen, ob border tax adjustments auch für die internationale Währungsordnung und insofern für den IMF von Belang sind. Tatsächlich haben beide Organisationen, das GATT und der IMF, mit dieser Angelegenheit zu tun. Während das GATT versucht, die vorhandenen Handelsschranken für Waren und Dienstleistungen abzubauen, befassen sich die Artikel des Vertragswerks von Bretton Woods ausschließlich mit monetären Transaktionen. Im Grunde besteht für beide Institutionen eine Art von Arbeitsteilung zwischen den Warenbewegungen einerseits und den Zahlungsvorgängen andererseits, wobei die realen Vorgänge den Regelungen des GATT, die monetären dagegen jenen des IMF unterliegen. Da reale und monetäre Seite der Zahlungsbilanz in vielfältiger Weise miteinander verflochten sind, muß der IMF berücksichtigen, daß steuerliche Maßnahmen, wenn sie den Außenhandel beeinflussen, für internationale Zahlungsbewegungen von besonderer Wichtigkeit werden. Das gilt besonders dann, wenn ein Land zu steuerlichen Maßnahmen greift, um Waren- und Zahlungsströme zu begünstigen oder zu bremsen.

Die Diskussion über dieses Problem kam bald an einen Punkt, an dem es angebracht war, zu erörtern, ob der Steuerausgleich an der Grenze in Wirklichkeit ein Ersatz für Wechselkursänderungen und so ein Substitut für Abwertung bzw. für Aufwertung sein kann. Das zur Minderung der deutschen Zahlungsbilanzüberschüsse bestimmte, am 1. Dezember 1968 in Kraft getretene „Gesetz über Maßnahmen zur außenwirtschaftlichen Absicherung", wonach für Exporte eine Sonderumsatzsteuer in Höhe von in der Regel 4 v.H. zu entrichten war, während die Importe in gleicher Höhe steuerlich begünstigt wurden, kann als ein besonders krasses Beispiel erwähnt werden, dem freilich weitere aus anderen Ländern angefügt werden könnten, die allerdings meist in entgegengesetzter Richtung zu wirken bestimmt waren, d. h. Zahlungsbilanzdefizite vermindern sollten.

---

lung in englischer Sprache kann stellvertretend für andere genannt werden: „Border Tax Adjustments and Tax Structures in OECD Member Countries", Paris 1968.

Wie ist es möglich und unter welchen Umständen kommt es dazu, daß Länder den Steuerausgleich an der Grenze einer Wechselkursänderung vorziehen? Um auf diese Frage überzeugend antworten zu können, ist es zweckmäßig, daran zu erinnern, daß die Regeln des GATT und des IMF aufgrund der Erfahrungen mit dem Welthandel und der internationalen Währungsordnung zwischen den beiden Weltkriegen kodifiziert worden sind. Danach mußte den Verfassungsvätern von Bretton Woods als Hauptgefahr einer künftigen monetären Weltordnung ein möglicher Abwertungswettlauf erscheinen. Vor allem in den dreißiger Jahren hatten viele Länder ihre Zahlungsbilanz- und Exportsorgen durch drastische Abwertungen zu beheben versucht und dadurch ihrerseits zu Retorsionsabwertungen anderer Länder Anlaß gegeben. In Bretton Woods sind deshalb vor allem die Forderung nach stabilen Wechselkursen durchgesetzt und Paritätsänderungen nur unter den Bedingungen eines „fundamentalen Ungleichgewichts" erlaubt worden. Aber die Extrapolation der Entwicklung der dreißiger Jahre in die Zeit nach dem Zweiten Weltkrieg hinein hatte nicht zu realistischen und zweckmäßigen vertraglichen Bindungen für die fünfziger, sechziger und siebziger Jahre geführt. Zumindest kann von einer gegenseitigen kompetitiven Übervorteilung durch Währungsabwertungen bei den bedeutenden Welthandelsländern heute nicht gesprochen werden. Sie müssen in Fällen einer Überbewertung ihrer Währungen eher zur Abwertung gedrängt werden, als daß sie sich selbst danach drängen. Als Hauptgrund dafür muß auf die in der öffentlichen Meinung vieler Länder anzutreffende Vorstellung verwiesen werden, wonach Abwertung als eine Art nationaler Blamage, als politische Niederlage der Regierung oder gar als nationale Demütigung interpretiert wird.

Der Steuerausgleich an der Grenze kann deshalb als ein Ausweg aus dem Dilemma erscheinen, einerseits Abwertungseffekte erzielen zu müssen, andererseits eine förmliche Abwertung zu vermeiden. Die Vorteile, ein Zahlungsbilanzdefizit auf dem Umweg über die Besteuerung vermeiden zu können, liegen auf der Hand. Häufig sind drastische Zahlungsbilanzkrisen u. a. auch eine Folge inflationärer Politik, die nicht leicht zugunsten einer besseren Zahlungsbilanz mit der möglichen Folge zunehmender Arbeitslosigkeit aufgegeben wird. Wenn es möglich ist, den Zirkel um die zunächst unvereinbar erscheinende Forderung nach Fortsetzung der inflationären Vollbeschäftigungspolitik mit gleichzeitiger Überwindung der Zahlungsbilanzkrise zu schlagen, so muß der Steuerausgleich an der Grenze gegenüber einer Abwertung für die Regierungen fast immer als vorteilhafte Alternative erscheinen. Tatsächlich kann es nämlich mit Hilfe der Besteuerung gelingen, a) eine Wechselkursänderung zu vermeiden, b) eine leicht inflatorische Politik der Vollbeschäftigung fortzusetzen und c) trotzdem die Zahlungsbilanzlücke zu schließen. Der Steuerausgleich an der Grenze kann den Effekt einer versteckten Ab- bzw. Aufwertung haben und so die politischen Unannehmlichkeiten einer offenen Wechselkursänderung und sogar die sonst vielleicht unvermeidbaren Spekulationen über eine Wechselkursänderung verhindern.

Daneben gibt es noch andere Gründe für die wachsende Beliebtheit des Steuerausgleichs an der Grenze: In einer völkerrechtlich korrekten, d. h. nach den Regeln des Welthandels tolerierbaren Form können zurechenbare indirekte Steuern beim Import aufgeschlagen, beim Export vergütet werden. Nur ein System vorwiegend indirekter Besteuerung eignet sich deshalb in dem zuvor angedeuteten Sinne für border tax adjustments. Tatsächlich läßt sich in einigen wichtigen Industrieländern seit einigen Jahren ein Trend zu vermehrter indirekter Besteuerung beobachten. Dies mag eine Folge des Ersatzes veralteter Formen der indirekten Besteuerung wie z. B. der Kaskadenumsatzsteuer durch die moderne Mehrwertsteuer oder eine Folge der Bemühungen um eine Steuerharmonisierung in der EWG sein und von da ausstrahlend auch die betroffenen Partnerländer außerhalb der Europäischen Wirtschaftsgemeinschaft veranlassen, ihre Steuern diesem Trend anzupassen. Angesichts der fiskalischen Umrisse der westlichen Teile des industrialisierten Europa ist sicherlich eine derartige, sich noch im Gange befindliche Verschiebung zu beobachten. Deshalb konnte der Steuerausgleich an der Grenze zu einem wichtigen Mittel der Außenhandelspolitik und der Bemühungen um den Zahlungsbilanzausgleich werden, obwohl er u. E. in der öffentlichen Diskussion noch lange nicht jene Beachtung gefunden hat, die seiner wahren Bedeutung entspricht.

II. GATT- und EWG-Regeln über den Steuerausgleich beim grenzüberschreitenden Warenverkehr

1. Steuerausgleich an der Grenze

Es gibt mehrere mögliche Auslegungen des Begriffs „Steuerausgleich an der Grenze". Die hier verwendete Interpretation wird in Übereinstimmung mit den Regelungen des GATT gebraucht und hat insofern eine unmittelbare politische Bedeutung, wenngleich in den GATT-Vereinbarungen selbst eine offizielle Erklärung darüber nicht enthalten ist. Die hier verwendete halbamtliche Definition ist in einem OECD-Bericht enthalten und wurde, obwohl nicht offiziell, durch eine Arbeitsgruppe des GATT übernommen[3]. Entsprechend dieser Definition bedeutet Steuerausgleich an der Grenze „irgendeine fiskalische Maßnahme, die ganz oder teilweise das Bestimmungslandprinzip zur Geltung bringt (d. h. sie erlaubt, daß Warenexporte von einigen oder allen im

---

[3] Es wird auf einen „Zwischenbericht 1969" 4/3290 vom 17. Dezember 1969, S. 7, Fußnote 7, Bezug genommen, der „nur für den Dienstgebrauch" ist.

exportierenden Land auferlegten Steuern entlastet werden, verglichen mit ähnlichen inländischen Erzeugnissen, die an inländische Verbraucher verkauft werden und andererseits erlaubt, daß importierte, an Verbraucher verkaufte Produkte mit einigen oder allen Steuern des Importlandes belastet werden, die auf ähnlichen heimischen Produkten ruhen)"[4] (Übersetzung des Verfassers, K. H.).

2. GATT-Regelung, Bestimmungslandprinzip und Steuerneutralität

Im Grunde wird mit der GATT-Regelung versucht, den Steuerausgleich an der Grenze entsprechend dem Bestimmungslandprinzip zu verwirklichen. Dieses Prinzip verlangt, daß exportierte Güter von den ihnen auferlegten indirekten Steuern entlastet und importierte Güter mit den im Inland üblichen indirekten Steuern belastet werden. Dadurch sollen, im Idealfall, importierte Güter weder besser noch schlechter als gleichartige Güter der heimischen Produktion gestellt werden. Wettbewerbsneutralität ist demnach die Leitidee für diese Regelung nach dem Bestimmungslandprinzip. Es ist zwar offenkundig, daß z. B. Zölle, zumindest Schutzzölle, gegen dieses Ziel der Neutralität verstoßen und absichtlich dazu erhoben werden, z. B. im Falle von Importzöllen, ausländische Güter einer speziellen Belastung zu unterwerfen, und es ist ebenso leicht einzusehen, daß sowohl die sonstigen Steuern als auch die zugrundeliegenden verschiedenartigen Produktionsbedingungen diese Neutralität nicht gewährleisten können. Dennoch muß jeder Versuch, die Besteuerung von gleichen oder ähnlichen Gütern einander anzunähern, als ein Schritt in der Richtung auf eine verbesserte steuerliche Neutralität interpretiert werden. Allerdings gibt es davon noch Argumente grundsätzlicher Art für und gegen eine Philosophie dieser Art von Wettbewerbsneutralität, auf die wir hier jedoch nicht eingehen wollen[5].

---

[4] Vgl. Border Tax Adjustments and Tax Structures in OECD Member Countries, OECD, Paris, 1968, S. 16. Im Original lautet dieser Passus: "6. While border tax adjustments may be defined in various ways, it is most convenient for dealing with the problems which they present to regard them as any fiscal measures which put into effect, in whole or in part, the destination principle (i. e. which enable exported products to be relieved of some or all of the tax charged in the exporting country in respect of similar domestic products sold to consumers on the home market and which enable imported products sold to consumers to be charged with some or all of the tax charged in the importing country in respect of similar domestic products)."

[5] Vgl. dazu u. a. *O. Sievert*: Außenwirtschaftliche Probleme steuerlicher Ausgleichsmaßnahmen für den internationalen Handel, Köln, Berlin, Bonn, München, 1964.
R. A. Musgrave und *P. B. Richman*: Allocation Aspects, Domestic and International, Paper on the Role of Direct and Indirect Taxes in the Federal System, Princeton University Press, 1964.
C. Shoup: Indirect and Direct Taxes and their Influence on International Trade, Compendium of Papers on Excise Tax Structure Submitted to the

Der Steuerausgleich an der Grenze in diesem Sinne ist, dem Artikel III des GATT folgend, zu einer allgemeinen Regel oder sogar zu einem internationalen Gesetz geworden. In Abs. 2 dieses Artikels heißt es: „Waren, die aus dem Gebiet einer Vertragspartei in das Gebiet einer anderen Vertragspartei eingeführt werden, dürfen weder direkt noch indirekt höheren inneren Abgaben oder sonstigen Belastungen unterworfen werden als gleichartige inländische Waren." In den Absätzen 1 und 2 wird auch erklärt, daß diese Regelungen „auf eingeführte oder inländische Waren nicht derart angewendet werden sollen, daß die inländische Erzeugung geschützt wird"[6].

Durch die Formulierung im Artikel III, Absatz 2 wird zugelassen, daß der Steuerausgleich beim grenzüberschreitenden Warenverkehr zwar auf weniger als die für einheimische Güter übliche Leistung festgesetzt werden kann, aber nicht über dieses Maß hinausgehen darf. Die GATT-Regeln lassen demnach eine Begünstigung ausländischer Waren zu und sehen als Höchstgrenze für den Steuerausgleich eine mit den heimischen Produkten gleiche Leistung vor. Es bedarf keiner weiteren Erklärung darüber, daß in der Regel dieses Maximum an Ausgleich in Anspruch genommen wird.

In den eben zitierten und in weiteren GATT-Regeln wird nichts bezüglich der Behandlung der Exporte gesagt (Ausnahme: Verbot von Exportsubventionen). Freilich folgt aus dem Bestimmungslandprinzip und dem zugrundeliegenden Neutralitätspostulat, daß Waren entsprechend den im Verbrauchsland geltenden Regelungen zu besteuern sind, was bedeutet, daß beim Export keine besonderen indirekten Steuern auferlegt werden. Folgerichtig können zu exportierende Waren und Dienstleistungen von zurechenbaren Steuern befreit werden. Das Bestimmungslandprinzip und damit auch die GATT-Regelung und die EWG-Verträge verlangen zwar nicht ausdrücklich die Entlastung von indirekten Steuern beim Export, aber sie kommen dieser Möglichkeit entgegen, und natürlich wird sie weitgehend genutzt.

So sieht, verkürzt und verallgemeinert, die im internationalen Handel geübte Praxis aus: Nahezu alle einer Ware zurechenbaren indirekten Steuern werden beim Import von Waren ausgelöst und beim Export rückvergütet, soweit schon erhoben, oder nicht erhoben, sofern erst beim Verkauf fällig. Vor allem innerhalb der Länder der Europäischen Wirtschaftsgemeinschaft gilt diese Regel, wobei für den Export sehr

---

Committee on Ways and Means, Vol. I, US Government Printing Office, Washington 1964.

M. Leontiades: The Logic of Border Taxes, National Tax Journal, Vol. 19 (1966).

OECD-Report, a.a.O., insbesondere S. 71 ff.

[6] Deutsche Fassung zitiert nach: *F. K. Liebich*, Das GATT, Baden-Baden und Bonn 1961, S. 30.

viel deutlicher als in den GATT-Vereinbarungen von der eben erwähnten Praxis ausgegangen wird. In Artikel 95 des Vertrags von Rom heißt es bezüglich der Importe: „Die Mitgliedstaaten erheben auf Waren aus anderen Mitgliedstaaten weder unmittelbar noch mittelbar höhere inländische Abgaben gleich welcher Art, als gleichartige inländische Waren unmittelbar oder mittelbar zu tragen haben." Bezüglich der Exporte sagt Artikel 96 folgendes: „Werden Waren in das Hoheitsgebiet eines Mitgliedstaates ausgeführt, so darf die Rückvergütung für inländische Abgaben nicht höher sein als die auf die ausgeführten Waren mittelbar oder unmittelbar erhobenen inländischen Abgaben."

III. Wirkungen des Steuerausgleichs auf die Zahlungsbilanz und Vergleich zwischen Wechselkursänderung und Steuerausgleich

1. Voraussetzungen

Um Mißverständnisse nach Möglichkeit auszuschließen, werden einige der den folgenden Überlegungen zugrundeliegenden Annahmen expliziert:

a) Bei der Argumentation mit indirekten Steuern werden jeweils eindeutig zurechenbare Steuern unterstellt, deren Anteil am Preis eines Gutes feststeht.

b) Die Argumentation unterstellt eine abwertungsträchtige Situation.

c) Der Ausdruck „Steuerausgleich an der Grenze" (border tax adjustment) wird im Sinne der EWG- und GATT- Regeln verwendet.

d) Obwohl diese Regeln vorsehen, daß der Ausgleich an der Grenze sowohl zum Teil als auch in voller Höhe der bestehenden Steuern vorgenommen werden darf, wird unterstellt, daß der Ausgleich jeweils in voller Höhe erfolgt.

e) Wenn steuerliche Maßnahmen dieser Art ergriffen werden, so nur in der Weise, daß bestehende Steuersätze erhöht oder neue Steuern eingeführt werden, während Änderungen von Ausgleichssätzen bei unveränderter Besteuerung ausgeschlossen bleiben.

f) Im Ausgangsstadium der Betrachtung wird eine vollbeschäftigte Wirtschaft unterstellt.

g) Die zusätzlichen Steuererträge — durch höhere Steuersätze bei bestehenden indirekten Steuern oder durch neu eingeführte indirekte Steuern — sollen annahmegemäß wieder ausgegeben werden. Es wird daher unterstellt, daß sich die monetäre Gesamtnachfrage und faute de mieux die Nachfragekurve auf den einzelnen Teilmärkten bei Steueränderungen, Ausgleichsmaßnahmen oder bei Wechselkursänderungen nicht ändert[7].

2. Allgemeine indirekte Steuern

Betrachten wir nun die Situation für ein Land mit einer defizitären Zahlungsbilanz, das, ohne gegen die GATT-Regeln zu verstoßen, zu einem höheren Steuerausgleich an der Grenze kommen möchte. Bei der dafür in Frage kommenden Steuer handele es sich um eine allgemeine indirekte Steuer, beispielsweise um eine Mehrwertsteuer. Der Einfachheit halber und wegen des leichteren Vergleichs mit einer Abwertung soll unterstellt werden, daß alle Güter dem gleichen Steuersatz unterliegen.

Es ist leicht einzusehen, daß in diesem Falle ein Land seine Importe drosseln kann, wenn es die Sätze seiner allgemeinen indirekten Steuern erhöht. Da die Preise aufgrund der höheren indirekten Besteuerung steigen, wird normalerweise der mengenmäßige Import zurückgehen (unter Ausschluß extremer Fälle). Sogar wenn die Nachfrage nach Importen relativ unelastisch ist, so daß die gesamten inländischen Importausgaben zunehmen, wird trotzdem das in der Außenhandelsbilanz verbuchte Importvolumen abnehmen, weil ein Teil dieser Ausgaben als zusätzliche Steuereinnahmen an die Finanzverwaltung geht und nur der Rest statistisch als Importvolumen erscheint.

Wir können folgern, daß sowohl der Finanzminister als auch der Wirtschaftsminister oder der für den Außenhandel verantwortliche Minister zu einem besseren Ergebnis gelangen können und daß überdies der Finanzminister über mehr Mittel verfügen kann als vor der Steuererhöhung. Das prinzipiell gleiche Ergebnis wie bei der Erhöhung der Sätze einer bestehenden Steuer läßt sich bei der Einführung einer neuen Steuer oder mehrerer neuer, allgemeiner indirekter Steuern folgern. Wir brauchen uns nur vorzustellen, daß eine neue Steuer dieser Art vom bisherigen Steuersatz Null auf einen positiven Satz angehoben wird, um das Ergebnis der Einführung derartiger Steuern vor Augen zu haben. Die Verbesserung der Zahlungsbilanz eines Landes läßt sich demnach von der Importseite her dadurch erreichen oder zumindest anstreben, daß mehr oder höhere allgemeine indirekte Steuern erhoben werden. Dasselbe Ergebnis kann angestrebt werden durch Umstellung von einem System mit überwiegend direkter Besteuerung zu einem System mit überwiegend indirekten Steuern. Das mag ziemlich realitätsfern klingen, wenn man dabei an die Einführung mehrerer allgemeiner

---

[7] Dies ist natürlich eine sehr willkürliche Annahme. Aber da allgemeine Annahmen über Verschiebungen der Nachfragestruktur und des Nachfragevolumens, die auf eine Steuererhöhung folgen können, stets als willkürlich erscheinen müssen, unterstellen wir eine unveränderte Nachfrage, um die Folgen von Wechselkursänderungen und die Folgen von Steuererhöhungen besser vergleichen zu können.

Aufwand- oder Verbrauchsteuern denkt. Aber es wird sich als realistischer herausstellen, wenn z. B. eine Steuer wie die deutsche Gewerbesteuer durch eine erhöhte Mehrwertsteuer ersetzt werden soll oder wenn allgemeine Umsatz- oder Verkaufsteuern (sales taxes) ergiebiger gestaltet werden anstelle von Körperschaft-, Gewinn- und Einkommensteuern. Jedenfalls kann indirekte Besteuerung dazu benutzt werden, sowohl die Zahlungsbilanz als auch die Einkünfte der öffentlichen Haushalte zu verbessern.

Nachdem wir einiges über die Importe gesagt haben, müssen wir natürlich die Frage nach den Exporten anschließen. Es widerspricht bekanntlich nicht den Regelungen des GATT, wenn Exporte von indirekten Steuern ganz oder teilweise befreit oder wenn bereits bezahlte indirekte Steuern zurückerstattet werden. Falls Exporte ganz von indirekten Steuern befreit sind oder falls diese Steuern zurückgezahlt werden, zeigt sich, daß höhere Steuersätze die Exportpreise überhaupt nicht beeinträchtigen. Theoretisch gesprochen ändert sich bezüglich der Exporte nichts, wenn höhere Steuersätze auf Exporte entweder nicht erhoben oder mit den entsprechend höheren Beträgen wieder erstattet werden. Auf der Exportseite gewinnt oder verliert der Finanzminister daher nichts. In der Praxis können sich allerdings leichte Verbesserungen der Steuereinnahmen dadurch ergeben, daß mögliche Erstattungen vergessen, versäumt oder in Unkenntnis der geltenden Regelungen nicht gefordert werden. Umgekehrt lassen sich in der Praxis auch marginale Minderungen bei den Steuereinnahmen denken, weil höhere Rückerstattungen zu Umgehungen reizen und weil die höhere inländische Belastung u. U. zu Produktionseinschränkungen führt, die zu größeren Exportanstrengungen reizen können.

Fassen wir unsere Folgerungen zusammen, die sich aus einer hohen allgemein indirekten Besteuerung ergeben. In Übereinstimmung mit den EWG- und GATT-Regeln und bei völliger Befreiung oder Erstattung auf der Exportseite können diese Steuern als Mittel zur Verringerung von Handelsbilanzdefiziten verwendet werden. Während jedoch die Exporte mehr oder weniger auf dem Niveau vor der Besteuerung bleiben, wird die Last fast ausschließlich auf der Importseite in einer entsprechenden Verteuerung und Verminderung des Importvolumens fühlbar. Als ein zunächst für die Zahlungsbilanzentwicklung nicht relevantes, aber für die allgemeine finanzpolitische Lage dennoch bedeutsames beiläufiges Ergebnis stellt sich außerdem die Verbesserung der Steuereinnahmen und damit des Staatshaushalts ein. Dabei zeigt sich, daß steuerliche Maßnahmen dieser Art zu einem wesentlich anderen Ergebnis als eine Währungsabwertung führen, obwohl jene manchmal als Ersatz für eine Wechselkursänderung bezeichnet und betrachtet werden.

3. Vergleich zwischen Abwertung und Erhöhung allgemeiner indirekter Steuern

Obwohl, wie wir gesehen haben, ein Land mit einer defizitären Zahlungsbilanz seine Zuflucht nicht nur bei währungspolitischen Maßnahmen, sondern auch bei höheren indirekten Steuern suchen kann, unterscheiden sich die Wirkungen z. T. erheblich. Bei der Entscheidung, den Wechselkurs zu ändern oder eine allgemeine indirekte Steuer zu erhöhen, müssen daher eine Reihe von unterschiedlichen Konsequenzen bedacht werden.

Erstens berührt eine Abwertung alle Transaktionen mit dem Ausland, d. h. auch die Kapitalströme, während die Wirkungen der Besteuerung auf die Handels- und Dienstleistungsbilanz beschränkt bleiben. Durch eine Abwertung werden überdies die inländischen Vermögenswerte von Ausländern und die ausländischen Vermögenswerte der Inländer in Mitleidenschaft gezogen.

Zweitens treten verschiedenartige Preiseffekte auf. Eine Abwertung trifft nur die Preise von importierten Gütern und Diensten und läßt den Preis einheimischer Konkurrenzprodukte unverändert. Die Besteuerung jedoch erhöht die Kosten gleichermaßen, gleichgültig, ob die Waren importiert oder im Inland produziert wurden. Außerdem verändern sich im Falle einer Abwertung die Exportpreise im Ausland, während sie bei höherer indirekter Besteuerung unverändert bleiben und sich nur die inländischen Preise dieser Güter erhöhen.

Drittens kann angenommen werden, daß der Steuerausgleich an der Grenze den gesamten Import verringert, während er den Export unberührt läßt, da die Nettoexportpreise nach den steuerlichen Ausgleichsmaßnahmen unverändert bleiben, sofern die Abzüge völlig den enthaltenen Steuern entsprechen. Deshalb bewirkt die Besteuerung sozusagen nur die Hälfte einer eventuellen Abwertung und unterscheidet sich hinsichtlich des Zahlungsbilanzeffekts beträchtlich von einer Wechselkursänderung. Höhere indirekte Besteuerung bedeutet, daß nur auf der Importseite die Austauschrelationen verändert werden, während sie sich durch eine Abwertung auf beiden Seiten ändern. Insofern gleicht die Wirkung der Besteuerung der von höheren Zollsätzen für Importe, obwohl im Falle der Besteuerung keine direkte Diskriminierung zwischen inländischen und ausländischen Waren erfolgt.

Viertens nimmt, wenn ein System überwiegend direkter Besteuerung durch ein System überwiegend indirekter Besteuerung ersetzt wird, das Gesamtvolumen des Außenhandels ab oder ist kleiner als es im Abwertungsfall sein könnte. Da die Importmengen sinken, während die Exporte unverändert bleiben, die bei einer Abwertung gestiegen sein könnten, ist es wahrscheinlich, daß andere Länder durch den Steuerausgleich an der Grenze Nachteile erleiden. Das gilt vor allem für Länder, die stark export- und außenhandelsabhängig sind. Wenn man den möglichen Schaden vernachlässigt, der durch die nötige Reallokation der Ressourcen entsteht, dann kann der Wohlfahrtsverlust, der durch den geschrumpften Außenhandel entstanden ist, sogar eher das Ausland als das besteuernde Land treffen. Das läßt sich aus dem Umstand erklären, daß das betrachtete Land seine Terms of Trade nicht in demselben Ausmaß verschlechtert wie im Falle der Abwertung. Anders ausgedrückt: Um einen bestimmten Betrag an Importen bezahlen zu können, muß ein Land mehr exportieren, wenn es abwertet, verglichen mit der Möglichkeit, durch höhere indirekte Steuern die alten Terms of Trade aufrechtzuerhalten.

Um einige Wirkungen höherer allgemeiner indirekter Besteuerung einerseits und einer Abwertung andererseits analysieren und einander gegenüberstellen zu können, bedienen wir uns der folgenden vereinfachenden Annahmen. In Figur 1 ist die Situation für das Inland dargestellt, in dem die Entscheidung über eine Abwertung oder für höhere allgemeine indirekte Steuern zu fällen ist. Die heimische Nachfrage nach Importgütern, gemessen in heimischer Währung, sei durch $D_1D'_1$, das ausländische Angebot an Importgütern durch $A_1A'_1$ dargestellt. Durch höhere allgemeine indirekte Steuern sollen sich in dem angenommenen Fall die Angebotspreise um 50 v.H. erhöhen, was durch die nach $A_{1t}A'_{1t}$ erhöhte Angebotskurve verdeutlicht wird. Vor der Steuererhöhung lag das Preisniveau bei P_1, nach der Steuererhöhung liegt es bei Q_1. Der Devisenbedarf vor Erhöhung der Steuer, gemessen in heimischer Währung, entsprach dem Rechteck $P_1O_1M_1L_1$, nach der Steuererhöhung geht der Devisenbedarf auf $R_1O_1N_1S_1$ zurück, während $Q_1R_1S_1T_1$ an zusätzlichen Steuern vereinnahmt wird. Der Devisenbedarf nimmt in jedem Falle ab, d. h. unabhängig davon, ob die Angebots- und Nachfrageelastizität groß oder klein ist.

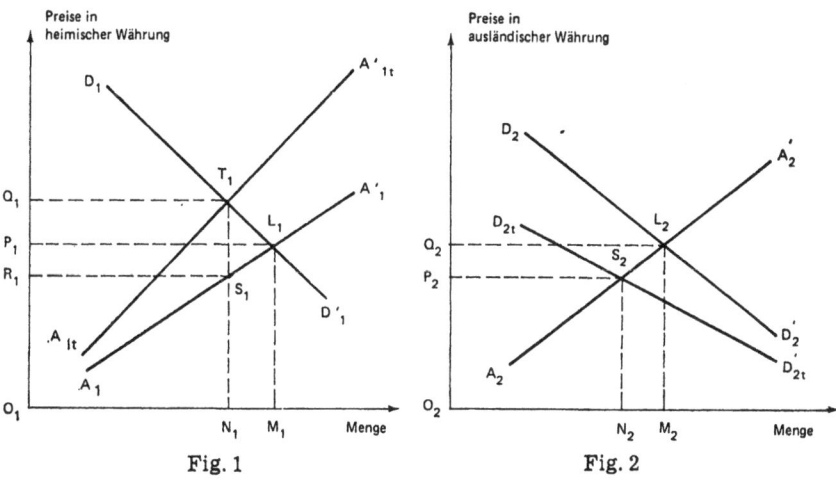

Fig. 1   Fig. 2

Das gleiche Bild ergibt sich auch bei einer Betrachtung der Situation in ausländischer Währung, die in Figur 2 abgebildet worden ist. Da infolge der Besteuerung die Preise der importierten Güter steigen und die ursprüngliche Nachfrage $D_2D'_2$, gemessen an ausländischer Währung, dadurch auf $D_{2t}D'_{2t}$ zurückgeht — da die Betrachtung hier in ausländischer Währungseinheit geführt wird, sind die Folgen höherer Besteuerung als Nachfrageminderung, nicht als Angebotsverteuerung dargestellt —, vermindert sich der Bedarf an ausländischen Zahlungsmitteln auf den Inhalt des Rechtecks $P_2O_2N_2S_2$, während er vor der Besteuerung $Q_2O_2M_2L_2$ betrug. Wiederum gilt, daß diese Verminderung des Devisenbedarfs für Importe bei beliebigen Elastizitäten des Angebots oder der Nachfrage zu verzeichnen ist (sofern sie nicht völlig atypisch verlaufen und negative bzw. positive Steigung vertauschen). Dadurch ergibt sich im Falle höherer allgemeiner indirekter Besteuerung in jedem Falle eine Verbesserung der angenommenen defizitären Zahlungsbilanz auf der Importseite. Dieses Ergebnis ist im Anhang im unteren Teil der Tabelle A zusammengestellt worden.

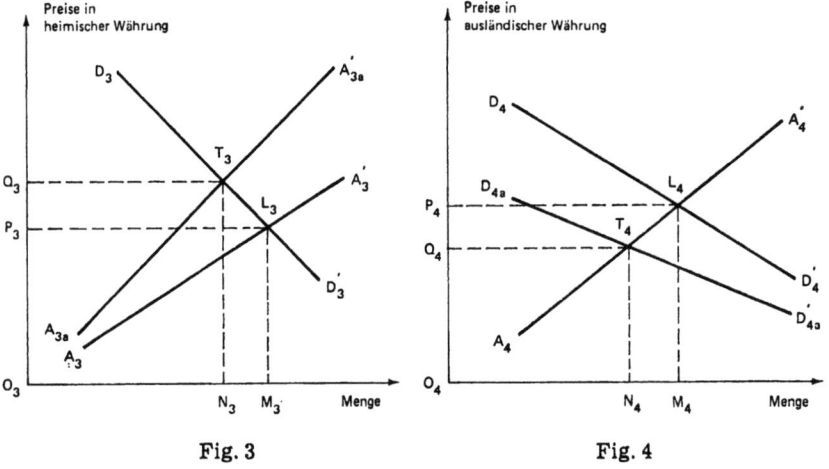

Fig. 3   Fig. 4

Betrachten wir nun zum Vergleich die Folgen einer Abwertung. Dabei gehen wir von der gleichen Ausgangssituation, d. h. gleiche Angebots- und Nachfragekurven für Importe und einer gleich hohen Verteuerung der Importe wie im Falle der Besteuerung (Figur 1 und 2) aus: In Figur 3 wurde die Situation für eine Abwertung unter diesen Bedingungen in heimischer Währung, in Figur 4 in ausländischer Währung dargestellt. Infolge der Abwertung verteuern sich die importierten Produkte in heimischer Währung dergestalt, daß sich die Kurve des Importangebots von $A_3A'_3$ nach $A_{3a}A'_{3a}$ verschiebt. Der Devisenbedarf, gemessen in heimischer Währung, verändert sich von $P_3O_3M_3L_3$ vor der Abwertung auf $Q_3O_3N_3T_3$ nach vollzogener Abwertung. Ob sich dabei eine Verbesserung oder Verschlechterung der Zahlungsbilanz einstellt, hängt von den Elastizitäten der Importnachfrage in bezug auf den Preis ab. Ein Abnehmen des Importvolumens, gemessen in heimischer Währung, wird sich nur dann ergeben, wenn die Elastizität der Importnachfrage in bezug auf den Preis ihrem absoluten Wert nach größer als Eins ist. Bei einer Abwertung tritt demnach keineswegs mit Sicherheit eine Verbesserung der Zahlungsbilanz auf der Importseite ein, wie dies im Falle der Besteuerung mit Gewißheit zu erwarten ist. Lediglich in ausländischer Währung stellt sich diese Verbesserung ein, wie sich aus Figur 4 ergibt, wo durch die Verteuerung der ausländischen Geldeinheit infolge der Abwertung die Nachfragekurve von D_4D_4' auf $D_{4a}D_{4a}'$ heruntergerückt wird und anstelle des ursprünglichen Devisenvolumens $P_4O_4M_4L_4$ nach der Abwertung nur noch ausländische Devisen im Betrage von $Q_4O_4N_4T_4$ benötigt werden. Da jedoch die Devisenbilanz stets in heimischer Währung geführt wird, macht der Hinweis auf die Verbesserung der Bilanz, gemessen in ausländischer Währungseinheit, gewöhnlich wenig Eindruck. Sie könnte an politischen Diskussionen gegenüber der breiten Öffentlichkeit kaum als Erfolg ausgegeben werden, sobald die Elastizitäten kleiner als Eins sind und die Zahlungsbilanz abnormal reagiert.

Gegen die zuvor gegebene Darstellung kann eingewendet werden, daß die Betrachtung zu global geführt worden sei und daß z. B. die infolge höherer indirekter Steuern gestiegenen heimischen Preise und insbesondere die Importpreise zu Rückwirkungen im Ausland führen müssen, die bei unserer Betrachtung nicht berücksichtigt seien. Dieser an sich berechtigte Einwand wird jedoch nicht dazu führen können, die Richtung der angezeigten Veränderungen ins Gegenteil zu verkehren. M. a. W., trotz einer vorhergehenden Abstraktion von Neben- und Einzelwirkungen dürfte es kaum eine Ausnahme von der sich bei unserer Argumentation ergebenden Tendenz zu einer mit Sicherheit zu erwartenden Verbesserung der Zahlungsbilanz und höheren Steuereinnahmen ergeben.

Wie wir gesehen haben, kann durch höhere Besteuerung mit Sicherheit eine Verbesserung defizitärer Zahlungsbilanzen auf der Importseite erzielt werden, gleichgültig, ob diese Verbesserung in heimischer oder in ausländischer Währung gemessen wird. Eine Abwertung kann dagegen diesen Erfolg nicht mit gleicher Gewißheit garantieren, solange die Betrachtung in heimischer Währung geführt wird, was normalerweise stets der Fall sein wird. Die eben betrachteten Wirkungen, die sich bei höherer indirekter Besteuerung einerseits oder bei einer die Importe gleichermaßen verteuernden Abwertung ergeben, sind in der

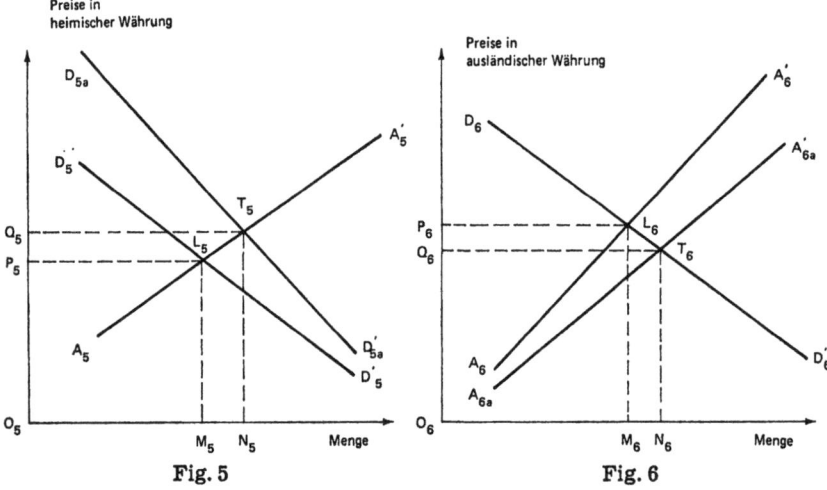

Fig. 5   Fig. 6

Tabelle A des Anhangs einander gegenübergestellt worden. Wie steht es dagegen mit den Exporten?

Die Wirkung einer Steuererhöhung auf die Exporte wird anhand der Figuren 5 und 6 gezeigt. Dabei konnte auf die Abbildung der Folgen höherer indirekter Besteuerung für die Exporte verzichtet werden, da sich, wie wir gesehen haben, bei unseren Annahmen keine Veränderungen feststellen lassen. Wie in Teil III, Abs. 1, Punkt d) unserer Ausführungen vorausgesetzt, werden Exporte vollständig von indirekten Steuern befreit. Infolgedessen bewirken Steuererhöhungen keine Veränderung der Exportpreise, Exportmengen und Exportvolumina, gleichviel ob sie in heimischer oder in ausländischer Währung gemessen werden. Diese Unempfindlichkeit der Exporte gegenüber höheren indirekten Steuern ist im unteren Teil der Übersicht B des Anhangs in tabellarischer Form aufgezeichnet worden. Dagegen fallen die Wirkungen einer Abwertung auf die Exporte weniger einfach aus. Figur 5 zeigt die Situation in heimischer Währung, Figur 6 in ausländischer Währung. Da sich bei einer Abwertung die heimischen Produkte im Ausland verbilligen, ergibt sich in Figur 5 eine entsprechende Verschiebung der Nachfragekurve von $D_5 D'_5$ nach $D_{5a} D'_{5a}$. In heimischer Währung stellt sich mit Sicherheit eine Zunahme des Devisenerlöses ein, da hier Mengen- und Preiseffekt in gleicher Richtung wirken. Hohe oder niedrige Elastizitäten spielen deshalb keine Rolle für die Richtung der Veränderung. Anders verhält es sich dagegen bei einer Betrachtung in ausländischer Währung. Da sich bei einer Abwertung die Angebotspreise im Ausland ermäßigen, ist in Figur 6 die Angebotskurve von $A_6 A'_6$ nach $A_{6a} A'_{6a}$ verschoben worden. Eine

Zunahme des Exportvolumens wird sich nur ergeben, wenn die Elastizität der ausländischen Nachfrage in bezug auf die Exportpreise absolut größer als Eins ist. Diese von der Preiselastizität der Exporte abhängende Zunahme oder Abnahme des Exportvolumens in ausländischer Währung und die auf jeden Fall eintretende Zunahme in Inlandswährung im Falle einer Abwertung ist im oberen Teil der Übersicht B des Anhangs in tabellarischer Form zusammengestellt worden.

Aus den Tabellen A und B des Anhangs, in denen die Veränderungen des Importvolumens und des Exportvolumens in Abhängigkeit von der jeweiligen Preiselastizität für den Fall der Abwertung wie für den Fall höherer allgemeiner indirekter Besteuerung einander gegenübergestellt worden sind, ergeben sich die zusammengefaßten Wirkungen für Exporte und Importe zugleich, d. h. die Wirkungen für die Zahlungsbilanz, sind in der Übersicht C des Anhangs vereinigt worden. Dabei wurden unter Benutzung der Robinson-Lerner-Bedingung die möglichen Reaktionen der Zahlungsbilanz bei unterschiedlichen Elastizitäten für Exporte und Importe einander gegenübergestellt a) für den Fall einer Abwertung und b) für den Fall erhöhter indirekter Besteuerung. Dabei zeigt sich, daß mit Hilfe indirekter Besteuerung in jedem Falle eine Verbesserung der Zahlungsbilanz erzielt werden kann, während im Falle einer Abwertung nur unter den Bedingungen der Robinson-Lerner-Beziehung, d. h. bei einer Summe der Export- und Importelastizität größer als absolut Eins eine Besserung eintreten wird.

Da die Argumentation bisher stets in der Richtung geführt worden ist, die bei einer Verbesserung der Zahlungsbilanz angebracht ist und sich demgemäß einer Abwertung oder einer allgemeinen Erhöhung der indirekten Besteuerung bedient, erscheint es nun notwendig, darauf hinzuweisen, daß grundsätzlich die gleichen Argumente in umgekehrter Richtung, d. h. bei einer beabsichtigten Verringerung von Zahlungsbilanzüberschüssen gebraucht werden können. Zu diesem Zweck könnte das Niveau indirekter Besteuerung gesenkt oder die heimische Währung aufgewertet werden. Bei einem Vergleich beider Maßnahmen müßte sich wiederum zeigen, daß über die Besteuerung das Ziel mit größerer Sicherheit erreicht werden kann als über eine Aufwertung. Ob die Aufwertung überhaupt zu dem gewünschten Erfolg führt, und in welchem Umfange der Erfolg eintritt, hängt von der Höhe der Export- und Importelastizität in bezug auf den Preis ab, während über eine Senkung der indirekten Steuern der „Aufwertungseffekt" auf jeden Fall erzielt werden kann. Die unterschiedlichen Resultate einer Aufwertung einerseits und einer geringeren indirekten Besteuerung andererseits lassen sich unmittelbar aus den Tabellen A, B und C ablesen, da die dort stehenden Vorzeichen jeweils in ihr Gegenteil verkehrt werden, d. h. + und — vertauscht werden unter Beibehaltung der jeweiligen 0.

Aus Tabelle D lassen sich überdies rasch vollends die konjunkturellen Wirkungen der Zahlungsbilanzeffekte ablesen. Wenn wir uns an die Prämisse erinnern, daß die vereinnahmten Steuern wieder ausgegeben werden, so muß aufgrund der Wirkungen des balanced budget multiplier oder des Haavelmo-Theorems mit einem expansiven Effekt bei höherer indirekter Besteuerung gerechnet werden. Andererseits muß bei höheren indirekten Steuern auch mit entsprechenden Wirkungen für das heimische Preisniveau gerechnet werden. Angesichts der Entscheidung, die Steuer zu erhöhen oder die heimische Währung abzuwerten, kann die Besteuerung dann das kleinere Übel sein, wenn bei einer Wechselkursänderung — abgesehen von der politisch leicht als „Blamage" zu denunzierenden Abwertung — die Wirkungen auf Zahlungsbilanz und Konjunktur ungewiß erscheinen. Da Länder mit kranken Zahlungsbilanzen im allgemeinen ungern die Konjunktur gefährden, nur um ihre wirtschaftlichen Beziehungen zur übrigen Welt zu stabilisieren, mag oftmals der Ausweg über höhere indirekte Steuern als die bequemere und weniger risikoreiche Politik erscheinen. M. a. W., ähnlich wie bei den Zahlungsbilanzwirkungen erscheinen die Folgen höherer Besteuerung auch für die Konjunktur verhältnismäßig verläßlich, während eine Wechselkursänderung dagegen wie ein Kopfsprung ins kalte Wasser erscheinen muß.

Natürlich kann über die konjunkturellen Wirkungen noch ausgiebiger räsonniert werden. Da anfangs, in Teil III, Abschnitt 1 g, unterstellt worden ist, daß die vereinnahmten Steuern wieder ausgegeben werden, so ist davon auszugehen, daß aufgrund des Haavelmo-Theorems ein gewisser expansiver Effekt eintreten wird. Diese Wirkung ist in Tabelle D für den Fall hoher indirekter Besteuerung eingetragen worden. Da bei einer Abwertung die Zahlungsbilanz auch unnormal reagieren kann und insofern nicht mit Sicherheit zu einer konjunkturellen Anregung führen muß, bleibt die Heraufsetzung der indirekten Steuern insofern die verläßlichere Maßnahme, als ihre Wirkungen auf die gesamtwirtschaftliche Aktivität verhältnismäßig sicher und überschaubar sind. Höhere Steuern können sogar, wenn die zusätzlichen Einnahmen nicht wieder ausgegeben werden, zur Dämpfung der Konjunktur eingesetzt werden, was mit dem Mittel der Abwertung nicht oder jedenfalls nur in abnormalen Fällen erreichbar erscheint. Meistens wird jedoch von einer Abwertung ein expansiver Effekt ausgehen, der möglicherweise für das im Abwertungsland herrschende konjunkturelle Klima unerwünscht sein mag. In diesem Falle bietet sich höhere indirekte Besteuerung als ein Ersatz für eine Aufwertung wegen der angenehmeren konjunkturellen Wirkungen geradezu an. Jedenfalls sind auch in konjunktureller Hinsicht und nicht nur hinsichtlich der Wirkungen auf die Zahlungsbilanz die voraussehbaren Folgen höherer (niedrigerer) indirekter Steuern mit weit größerer Verläßlichkeit zu erwarten als bei einer Abwertung (Aufwertung).

4. Spezielle indirekte Steuern

Wenn in dem zu betrachtenden Land nicht allgemeine, sondern spezielle indirekte Steuern erhöht oder neu eingeführt werden, so lassen sich die Wirkungen nicht mehr in der einfachen Weise darstellen wie in den Figuren 1 bis 6. Die Angebotspreise im Inland werden sich z. B. durch die Steuern nicht mehr allgemein erhöhen und die Angebotskurve kann danach nur noch für jene Güter um den jeweiligen Steuerbetrag erhöht werden, die der neuen Steuer oder der Steuererhöhung ausgesetzt sind. Dabei werden sich nach dem Grad der Komplementarität und Substituierbarkeit entsprechende Mengen- und Preiseffekte bei anderen Gütern ergeben. Da wir uns hier eine eingehendere Analyse möglicher Reaktionstypen versagen müssen, beschränken wir uns auf die elementarsten Aussagen, die ohne eine Betrachtung der Teilmärkte möglich sind.

Falls einzelne indirekte Steuern in der Absicht erhöht oder neu eingeführt werden, die Zahlungsbilanz zu entlasten, werden sich, soweit es sich um finanziell ertragreiche und bedeutende Steuern handelt, tendenziell ähnliche gesamtwirtschaftliche Wirkungen einstellen müssen wie sie zuvor für die allgemeinen indirekten Steuern dargestellt worden sind. M. a. W., der Durchschnittspreis der Importe wird sich erhöhen, das Importvolumen wird abnehmen, der Steuerertrag wird steigen und das Exportvolumen bleibt im wesentlichen unverändert. Die Zahlungsbilanz erfährt die gewünschte Verbesserung, und der Finanzminister und die Regierung werden überdies mit höheren Steuereinnahmen den Staatshaushalt leichter finanzieren können als zuvor. In der Ausgangssituation, die bei einem abwertungsverdächtigen Land ohnedies durch steigende Preise gekennzeichnet ist, werden die Folgen höherer indirekter Steuern überdies unauffälliger in die allgemeine Preisbewegung einmünden, als es bei absoluter oder relativer Preisstabilität der Fall sein würde. Da auch eine Abwertung zu steigenden Preisen führt, besteht einer der Hauptunterschiede zwischen höheren indirekten Steuern einerseits und einer Devalvation andererseits darin, daß bei einer Abwertung die Preise aller Importgüter, d. h. Preise für Rohstoffe, Halbfabrikate, Investitions- und Konsumgüter, um den Abwertungssatz steigen, während im Falle der Besteuerung nur die Preise der jeweils besteuerten Güter betroffen werden, gleichgültig, ob es sich um heimische oder importierte Güter handelt. Das Instrument der Besteuerung kann so in einer selektiven Weise benutzt werden und z. B. die Erzeugung und den Import von entbehrlichen Konsumgütern zurückdrängen, während es die gleichen Produkte für den Export unbesteuert läßt. Indirekte Besteuerung eignet sich insofern als ein modernes Mittel merkantilistischer Außenhandels- und Zahlungsbilanzpolitik.

Abgesehen von diesen mehr partiellen und selektiven Wirkungen können die allgemeineren Folgen spezieller indirekter Steuern ebenfalls anhand der Figuren 1 bis 6 sowie der Tabellen A bis D des Anhangs hinsichtlich ihrer Tendenz auf die Zahlungsbilanz und die gesamtwirtschaftliche Aktivität nachgeprüft werden.

5. Die Versuchung, steuerliche Maßnahmen gegenüber Wechselkursänderungen zu bevorzugen

Trotz ernster Störungen und Nachteile für den internationalen Handel, die sich aus der außenhandelspolitisch motivierten Erhöhung der indirekten Steuern ableiten lassen, können Regierungen und insbesondere der Finanzminister versucht sein, höhere, indirekte Steuern, d. h. den Steuerausgleich an der Grenze, einer Abwertung vorzuziehen. Diese durchaus naheliegende Versuchung beruht nicht nur auf einigen der bereits früher angedeuteten, z. T. willkommenen Wirkungen zahlungsbilanz- und konjunkturpolitischer Art, sondern auch darauf, daß diese Lösung, von dem betreffenden Lande aus betrachtet, optisch besser aussieht, d. h. mit angenehmeren Begleiterscheinungen verbunden ist und politisch leichter realisierbar erscheint als eine Devalvation. Vor allem die folgenden Punkte lassen steuerliche Maßnahmen vorteilhafter als eine Abwertung erscheinen.

a) Der Steuerausgleich an der Grenze könnte für den Finanzminister insofern eine Versuchung darstellen, als das Gesamtsteueraufkommen wahrscheinlich steigen wird. Die Lage der öffentlichen Haushalte wird erleichtert, selbst wenn die zusätzlichen Steuererträge nicht ausgegeben werden. In den meisten Fällen wird dies als eine erfolgreiche Politik interpretiert werden und kann ein größeres Vertrauen in die Finanzpolitik eines Landes begründen als es eine Wechselkursänderung vermag. So betrachtet zeigt der Steuerausgleich an der Grenze gegenüber der „Niederlage" einer Abwertung entscheidende Vorteile.

b) Die Regierung sieht sich bezüglich der Zahlungsbilanzentwicklung ähnlichen Versuchungen ausgesetzt. Das beruht darauf, daß die Importe bei einem Steuerausgleich an der Grenze niedriger zu Buche stehen als bei einer Abwertung. Der Grund für diese Erscheinung ist darin zu suchen, daß ein Teil des im Inland für Importe ausgegebenen Geldes über die zusätzliche Besteuerung in die Staatskasse fließt, während lediglich der zahlungsbilanzrelevante Wert der Importe als monetäres Importvolumen registriert wird. Obwohl das die professionellen Ökonomen vielleicht bemerken und kritisieren werden, könnte es doch die öffentliche Meinung beeindrucken. M. a. W., die Importe nehmen infolge höherer indirekter Steuern auf jeden Fall ab, da ein Teil des Importvolumens dabei in Gestalt höherer Steuereinnahmen und nicht mehr als Importgegenwert verbucht werden kann.

c) Abgesehen von dieser Art von Schönfärberei, wie sie oben unter b) angedeutet wurde, kann der Steuerausgleich an der Grenze bei niedrigen Import- und Exportelastizitäten die Handelsbilanz eines Landes tatsächlich stärker verbessern als eine Abwertung. Werden die Wirkungen von Exporten und Importen zusammengefaßt, so zeigt sich, daß bei höherer indirekter Besteuerung eine Verbesserung der Zahlungsbilanz sogar dann zu erwarten ist, wenn im Falle einer Abwertung wegen niedriger Elastizitäten für Export und Import keine Verbesserung der Zahlungsbilanz erfolgt. Wenn also ein Land kurzfristig und dringlich seine Zahlungsbilanzsituation erleichtern will, so kann es verhältnismäßig sicher sein, dieses Ziel über den Steuerausgleich an der Grenze zu erreichen und damit die Gefahren bzw. Risiken niedriger Elastizitäten bzw. abnormaler Reaktion der Zahlungsbilanz vermeiden. Auch dies könnte die Regierungen dazu verführen, lieber steuerliche Maßnahmen zu ergreifen als abzuwerten.

d) Ein weiterer wesentlicher Grund für die Bevorzugung des Steuerausgleichs an der Grenze kann in seiner Wirkung auf die gesamte ökonomische Aktivität gesehen werden. Dieser Aspekt könnte sogar wichtiger als die anderen werden, wenn es um die Konjunkturlage eines Landes geht. Zahlungsbilanzschwierigkeiten werden nicht nur häufig von inflationären Prozessen begleitet, sondern sind sogar häufig eine direkte Folge davon. Insofern wird eine Abwertung, obwohl sie vielleicht aus Zahlungsbilanzgründen für notwendig gehalten wird, die falsche Medizin sein, wenn Dämpfungsmaßnahmen nötig wären. In diesem Falle erscheinen steuerliche Maßnahmen in einem besseren Licht insofern, als die Regierung versuchen kann, die „Niederlage" einer Abwertung zu vermeiden und zugleich in angemessener Weise antizyklische Politik zu betreiben. Ein Vergleich beider Maßnahmen ist aus Tabelle D zu entnehmen.

e) Höhere oder neue indirekte Steuern können die Rolle einer Abwertung (Aufwertung) übernehmen, ohne deren Effekt auf die Exportseite und auf die Kapitalverkehrsbilanz zu übertragen. Da die Wirkungen auf die Importseite der Handelsbilanz begrenzt bleiben, werden die sonst üblichen Folgen einer Abwertung (Aufwertung) vermieden, die sich vor allem in einer Verschlechterung (Verbesserung) der Terms of Trade äußern und z. B. im Falle einer Abwertung als „nationaler Ausverkauf" in einer politisch unvorteilhaften Weise bemerkbar machen können. In der Regel werden bei steuerlichen Maßnahmen auch eher die bei Zahlungsbilanzstörungen üblichen spekulativen Devisenabflüsse (-zuflüsse) vermieden oder vermindert.

Als Ergebnis dieser Betrachtung verdient festgehalten zu werden, daß steuerliche Maßnahmen in vielen Fällen zur Beseitigung defizitärer (und überschüssiger) Zahlungsbilanzen besser geeignet erscheinen als Wechselkursänderungen. Diese Aussage beruht nicht etwa darauf, daß höhere (niedrigere) indirekte Besteuerung im Falle eines Zahlungsbilanzdefizits (eines Zahlungsbilanzüberschusses) eine im welfaretheoretischen Sinne überlegene Maßnahme darstellt, sondern daß sie unter den meisten obwaltenden politischen Bedingungen die Politik der Regierung in einem günstigeren Lichte erscheinen lassen als eine Paritätsänderung, weil sich bei steuerpolitischen Maßnahmen Zahlungsbilanzerfolge mit Sicherheit einstellen, weil über höhere Besteuerung — falls erforderlich — zugleich die Konjunktur gedämpft werden kann und weil auch der Staatshaushalt dabei günstiger gestaltet werden kann. Diese Feststellung darf indessen nicht so interpretiert werden, daß der Verfasser steuerliche Maßnahmen anstelle von Wechselkursänderungen empfehlen möchte. Im Gegenteil, diese Ausführungen dienen vor allem dazu, darauf aufmerksam zu machen, daß die heutige internationale Währungsänderung nicht nur unter einer Immobilität der Wechselkurse infolge zu enger Bandbreiten, sondern auch unter einer Umgehung oder Ersetzung von Wechselkursänderungen mit Hilfe der Besteuerung leidet. Natürlich kann höhere (niedrigere) indirekte Besteuerung nicht beliebig oft als Mittel von Zahlungsbilanzkorrekturen verwendet werden, aber eine fällige Paritätsänderung kann zunächst ein- oder zweimal verschoben werden, und nach einer später folgenden Paritätsänderung mit entsprechender Readjustierung der Besteuerung läßt sich dieses Mittel abermals zur Zahlungsbilanzkorrektur verwenden, wie die allmählich zahlreicher werdenden Beispiele von Mitgliedsländern des IMF zeigen.

Anhang

Vergleich zwischen Abwertung und Steuerausgleich an der Grenze

A. Wirkungen auf das monetäre Importvolumen
Zunahme (+), Abnahme (−), unverändert (0)

Veränderung durch	Preiselastizitäten[a] der Importe / gemessen in	Niedrige Elastizität $0 > \eta > -1$	Elastizität $\eta = -1$	Hohe Elastizität $-1 > \eta > -\infty$	Beliebige Elastizitäten $0 > \eta > -\infty$
Abwertung	Inlandswährung	+	0	−	+ 0 −
	Auslandswährung	−	−	−	−
Indirekte Besteuerung	Inlandswährung	−	−	−	−
	Auslandswährung	−	−	−	−

[a] Die auf die Importe erhobenen Steuern sind nicht im monetären Importvolumen enthalten.

B. Wirkungen auf das monetäre Exportvolumen
Zunahme (+), Abnahme (−), unverändert (0)

Veränderung durch	Preiselastizitäten der Exporte / gemessen in	Niedrige Elastizität $0 > \eta > -1$	Elastizität $\eta = -1$	Hohe Elastizität $-1 > \eta > -\infty$	Beliebige Elastizitäten $0 > \eta > -\infty$
Abwertung	Inlandswährung	+	+	+	+
	Auslandswährung	−	0	+	− 0 +
Indirekte Besteuerung	Inlandswährung	0	0	0	0
	Auslandswährung	0	0	0	0

C. Wirkungen auf die Zahlungsbilanz
Verbesserung (+), Verschlechterung (−)

Veränderung durch	Preiselastizitäten[b] der Importe u. Exporte / gemessen in	Niedrige Elastizität $0 > \eta > -1$	Elastizität $\eta = -1$	Hohe Elastizität $-1 > \eta > -\infty$	Beliebige Elastizitäten $0 > \eta > -\infty$
Abwertung	Inlandswährung	− 0 +	+	+	− 0 +
	Auslandswährung	− 0 +	+	+	− 0 +
Indirekte Besteuerung	Inlandswährung	+	+	+	+
	Auslandswährung	+	+	+	+

D. Wirkungen auf die gesamtwirtschaftliche Aktivität[a]
Zunahme (+), Abnahme (−), unverändert (0)

Veränderung durch	Niedrige Elastizität $0 > \eta > -1$	Elastizität $\eta = -1$	Hohe Elastizität $-1 > \eta > -\infty$	Beliebige Elastizitäten $0 > \eta > -\infty$
Abwertung	− 0 +	+	+	− 0 +
Indirekte Besteuerung	+	+	+	+

a) Es wird angenommen, daß die Steuermehreinnahmen in der betrachteten Periode wieder ausgegeben werden.
b) Jeweilige Elastizität von Exporten und Importen, nicht Summe aus Export- und Importelastizität.

Summary

The term „Steuerausgleich an der Grenze" (border tax adjustments) covers any tax measure implemented to influence trade crossing the border of a country. Under GATT rules as well as in accordance with EEC practices the term can also mean fiscal measures which put into effect the so-called destination principle.

Referring to border tax adjustments in the second sense, they are less suited as a substitute for devaluation (or revaluation) of currency. But even then border tax adjustments, if applied to the full extent, may appear preferable to a change in a country's par value because:

a) The Minister of Finance normally is better off;
b) On the whole, imports only are affected, i. e. the tax burden, so to speak, lies almost exclusively on the import side, which means that part of the burden may be shifted abroad;
c) Imports have a more favorable appearance, i. e., seem lower under a tax than when such a reduction follows devaluation;
d) In many cases border tax adjustments can be regarded as an appropriate means for improving a country's balance of payments and at the same time may serve as a brake upon a boom, whereas a devaluation normally would improve the balance of payments only.

Though this list could be expanded, there are also arguments to the contrary. However, there are several good reasons for choosing border tax adjustments instead of changes of par values. This is mainly so because of political reasons whereas on welfare grounds, changes of money exchange rates should be preferred. Thus, border tax adjustments actually could be used and in fact are used as a substitute for adjustments in the par value of a country's currency.

Das Bestimmungs- und Ursprungslandprinzip bei Steuern im grenzüberschreitenden Verkehr

Von *Rolf Peffekoven*, Bochum

I.

Mit zunehmender Liberalisierung der internationalen Wirtschaftsbeziehungen hat die Besteuerung des grenzüberschreitenden Verkehrs an Interesse gewonnen. Da aufgrund des GATT-, IMF-, EWG- und Efta-Vertrages für viele westliche Staaten das außenhandelspolitische Instrumentarium zum Teil lahmgelegt worden ist, befürchten viele Länder[1], ihre Handelspartner könnten nunmehr versuchen, die Besteuerung in den Dienst des Protektionismus zu stellen, indem sie durch steuerliche Maßnahmen die Importe hemmen und die Exporte fördern. Auf der anderen Seite begegnen die Produzenten nahezu jeder Steuererhöhung im Inland mit dem Hinweis, dadurch entstehe ein Wettbewerbsnachteil im Vergleich zu den ausländischen Konkurrenten. In beiden Fällen geht es im Grunde darum, unter wessen Steuerhoheit der grenzüberschreitende Wirtschaftsverkehr gestellt werden soll, wem also das Recht zustehen soll, die Exporte und/oder Importe an Waren, Dienstleistungen und Kapital zu besteuern.

Diese Frage beschränkt sich jedoch keineswegs auf die internationalen Wirtschaftsbeziehungen, sondern taucht ebenso bei der Besteuerung des interregionalen Handels innerhalb eines föderativen Staates auf[2]. Als Beispiel kann dabei auf die USA und die sich dort nunmehr seit Jahrzehnten hinziehende Diskussion um die Besteuerung des

---

[1] Hier ist vor allem auf die USA hinzuweisen, denen die Existenz des Steuerausgleichs in der EWG Handhabe für alle möglichen protektionistischen Eingriffe bietet. Zur Diskussion des Problems Besteuerung und Zahlungsbilanz vgl. *R. W. Lindholm*: National Tax System and International Balance of Payments, in: National Tax Journal, Vol. 19 (1966), S. 163 ff.; *M. Leontiades*: The Logic of Border Taxes, in: National Tax Journal, Vol. 19 (1966), S. 173 ff.; *Ch. McLure*: Taxes and the Balance of Payments, Another Alternative Analysis, in: National Tax Journal, Vol. 21 (1968), S. 57 ff.; *H. Johnson — M. Krauss*: Border Taxes, Border Tax Adjustments, Comparative Adventage, and the Balance of Payments, in: Canadian Journal of Economics, Vol. III (1970), S. 595 ff.

[2] Vgl. *R. Peffekoven*: Die Besteuerung des interregionalen Handels in den USA, in: Finanzarchiv, N. F., Bd. 28 (1969) S. 417 ff.

„interstate commerce" hingewiesen werden[3]. Daß sich ähnliche Probleme für den Handel zwischen den einzelnen Bundesländern in der BRD bisher nicht gezeigt haben, ist wohl darauf zurückzuführen, daß wir bundeseinheitlich geregelte Ländersteuern kennen. Auf dem Gebiet der Gemeindesteuern dagegen steht ebenfalls die Frage an, wie und von wem der zwischen den Gemeinden fließende Strom von Waren und Dienstleistungen besteuert werden soll. So ging es zum Beispiel bei der Diskussion um die vom Wissenschaftlichen Beirat beim Bundesministerium der Finanzen[4] vorgeschlagenen Gemeindemehrwertsteuer letzten Endes darum, wo ein Gut — wenn es von der einen in die andere Gemeinde verkauft wurde — besteuert werden sollte. Wir wollen uns im folgenden auf die Besteuerung der internationalen Wirtschaftsbeziehungen beschränken, wobei jedoch festzuhalten bleibt, daß diese Überlegungen — wie auch die Ergebnisse — mutatis mutandis für den interregionalen Verkehr in einem einheitlichen Währungsgebiet gelten[5].

Als Methoden der Besteuerung der Außenwirtschaftsbeziehungen werden in der Regel das Bestimmungs- und das Ursprungslandprinzip genannt. Da diese Bezeichnungen m. E. sinnvoll nur auf den Warenverkehr anwendbar sind[6], wollen wir hier lediglich auf den internationalen Austausch von Gütern sowie die darauf erhobenen Steuern abstellen. Diese Einschränkung ist auch deshalb vertretbar, weil sich die Diskussion Bestimmungs- versus Ursprungslandprinzip auf diesen Teil der außenwirtschaftlichen Beziehungen beschränkt. Zudem wird sich ein weiterer Beitrag in diesem Band auch mit der Besteuerung des internationalen Kapitalverkehrs befassen[7].

---

[3] Vgl. dazu: State Taxation of Interstate Commerce, Report of the Special Subcommittee on State Taxation of Interstate Commerce of the Committee of the Judiciary, Vol. 1 - 4, Washington 1964/65.
[4] Wissenschaftlicher Beirat beim Bundesministerium der Finanzen: Gutachten zum Gemeindesteuersystem und zur Gemeindesteuerreform in der Bundesrepublik Deutschland, in: Schriftenreihe des Bundesministeriums der Finanzen, Heft 10, Bonn (1968), S. 34 ff.; vgl. dazu auch Kommission für die Finanzreform: Gutachten über die Finanzreform in der Bundesrepublik Deutschland, 2. Aufl., Stuttgart, Köln, Berlin, Mainz 1966, S. 164 ff.
[5] Selbstverständlich bestehen zwischen internationalem und interregionalem Handel gewisse Unterschiede, vor allem was die Währungsprobleme und die damit verbundenen Unterschiede in den Prozessen des interregionalen und internationalen Zahlungsbilanzausgleichs angeht. Die hier besonders interessierenden wettbewerbspolitischen Effekte stimmen dagegen in beiden Fällen weitgehend überein.
[6] Vgl. Europäische Wirtschaftsgemeinschaft, Kommission: Bericht des Steuer- und Finanzausschusses, o. O., 1962, S. 77 ff.; K. *Schmidt*: Zur Koordination von Steuern bei wirtschaftlicher Integration, in: Schriften des Vereins für Socialpolitik, N. F., Bd. 35, Berlin 1965, S. 439 f.
[7] Vgl. den Beitrag von *Jürgen Pahlke*, Spezielle Steuern als Mittel zur Beeinflussung der Handels- und Kapitalbilanz in diesem Band S. 65 ff.

II.

Vom Bestimmungslandprinzip spricht man dann, wenn die Güter ausschließlich mit den Steuern belegt werden, die im Bestimmungsland gelten, dem Land also, „in dem ihre endgültige konsumtive Verwendung erfolgt"[8]. Bei dieser Regelung werden demnach die Importe vom jeweiligen Importland besteuert, während die Exporte grundsätzlich steuerfrei bleiben. Technisch kann man dieses Besteuerungsverfahren vor allem auf zwei Arten verwirklichen:

1. Alle Güter werden mit einer auf der Einzelhandelsstufe erhobenen Steuer belegt, die an die Menge, den Preis oder den Umsatz des verkauften Gutes anknüpft (= Verbrauchsteuer ohne Grenzausgleich).

2. Sämtliche in einem Land produzierten Güter werden auf der Produktionsstufe[9] besteuert, sofern sie jedoch exportiert werden, erfolgt an der Grenze eine Entlastung, Importe dagegen werden beim Grenzübertritt belastet. Der Ent- bzw. Belastungssatz stimmt dabei mit dem inländischen Steuersatz überein (= Produktionssteuer mit Grenzausgleich).

Einfacher scheint auf den ersten Blick die Variante 1. zu sein, der man sich jedoch in praxi nur sehr selten bedient hat[10], was im wesentlichen folgende Gründe hat: Soll eine Einzelhandelsteuer ihrer Intention gerecht werden und sämtliche im Inland verbrauchten Güter treffen, so muß dafür gesorgt werden[11], daß

— alle von Produzenten beim Einzelhandel gekauften Güter steuerfrei bleiben, soweit sie der Weiterverarbeitung dienen,

— alle im Inland nicht über den Einzelhandel an Endverbraucher abgesetzten Güter einer entsprechenden Ergänzungssteuer unterliegen,

— alle Direktimporte unter Umgehung des inländischen Einzelhandels entweder unterbunden[12] oder durch eine Ergänzungssteuer erfaßt werden[13].

---

[8] Bericht des Steuer- und Finanzausschusses, a.a.O., S. 77.
[9] Denkbar wäre auch eine Besteuerung auf der Handelsstufe. Wir wollen darauf hier im einzelnen nicht eingehen.
[10] Eine Ausnahme stellen die amerikanischen sales taxes dar, die allerdings auch die Problematik einer solchen Regelung besonders deutlich machen. Vgl. *R. Peffekoven:* Die Besteuerung ..., a.a.O., S. 425 ff.
[11] Vgl. *H. Möller:* Ursprungs- und Bestimmungslandprinzip, in: Finanzarchiv, N. F., Bd. 27 (1968), S. 390 und 409.
[12] Im internationalen Handel hilft man sich in der Regel mit dem Verbot des Direktimports. Vgl. §§ 12 ff. des deutschen Außenwirtschaftsgesetzes. Vgl. auch *K. Schmidt:* Zur Koordination..., a.a.O., S. 459.
[13] Im interregionalen Handel der USA erhebt man neben den sales taxes die use taxes, die Steuern auf Direktimporte darstellen. Vgl. State Taxation of Interstate Commerce, Vol. 3, a.a.O., S. 603 ff.

Wie schwierig diese Voraussetzungen zu verwirklichen sind, habe ich an anderer Stelle[14] für das Beispiel der amerikanischen sales taxes gezeigt. Will man die Besteuerung nach dem Bestimmungslandprinzip durchsetzen, so bedient man sich deshalb in der Regel der zweiten Varianten, also der Produktionsteuer mit Grenzausgleich. Dieses Verfahren ist für die indirekten Steuern in den internationalen Abkommen (GATT und EWG) auch zugelassen worden[15].

Vom Ursprungslandprinzip spricht man dann, wenn lediglich die im Ursprungsland, also dem Land der Produktion, geltenden Steuern zur Anwendung kommen. Besteuert werden in diesem Fall also sämtliche in einem Land produzierten Güter ohne Rücksicht darauf, wo diese Güter konsumiert werden[16]. Der Export wird infolgedessen im jeweiligen Exportland besteuert, während die Importe generell steuerfrei bleiben. Dieses Besteuerungsverfahren kann man nun wiederum — in Analogie zu den obigen Überlegungen — auf zwei Arten verwirklichen:

1. Man belegt sämtliche Güter auf der Produktionsstufe mit einer Steuer, praktiziert aber keinen Grenzausgleich (= Produktionssteuer ohne Grenzausgleich).

2. Man erhebt eine Einzelhandelssteuer, belastet an der Grenze aber auch die Exporte mit dieser Abgabe, entlastet aber die Importe (z. B. durch eine Subvention) entsprechend. In diesem Fall könnte man von einem negativen Grenzausgleich sprechen (= Verbrauchsteuer mit negativem Grenzausgleich).

Bei der Variante (2) handelt es sich lediglich um eine theoretisch mögliche Ausgestaltung, die m. W. in praxi bisher nicht vorkommt. Üblicherweise bedient man sich des ersten Verfahrens, das vor allem technisch einfacher zu handhaben ist, wenn man die Besteuerung nach dem Ursprungslandprinzip verwirklichen will.

Nach diesen Überlegungen kann man mithin festhalten, daß für das Bestimmungslandprinzip die Produktionsteuer m i t Grenzausgleich, für das Ursprungslandprinzip die Produktionsteuer o h n e Grenzausgleich typisch ist. Wir wollen die folgende Analyse — zumal es um einige theoretische Zusammenhänge geht — auf diese beiden Besteuerungstypen beschränken. Die Diskussion um Bestimmungs- versus Ursprungslandprinzip reduziert sich dann auf die Frage, ob man bei einer Produktionsteuer den Grenzausgleich praktizieren soll oder nicht. Bevor wir darauf näher eingehen, wollen wir zunächst prüfen, welchem Verfahren bisher bei der Besteuerung des internationalen Handels der Vorzug gegeben worden ist.

---

[14] Vgl. *R. Peffekoven:* Die Besteuerung..., a.a.O., S. 432 ff.
[15] Vgl. Art. XVI des GATT-Abkommens und Art. 91 des EWG-Vertrages.
[16] Vgl. Steuer- und Finanzausschuß, a.a.O., S. 79.

III.

Die Diskussion, ob die Steuern im internationalen Handel nach dem Bestimmungs- oder dem Ursprungslandprinzip erhoben werden sollen, hat eine lange Geschichte. In Handelsverträgen des 17. Jahrhunderts finden sich Bestimmungen, „die als Anwendung des Ursprungslandprinzips interpretiert werden können"[17]. Dahinter hat wohl der Grundsatz gestanden, den Steuern komme der Charakter von Standortkosten[18] zu, sie seien deshalb — wie auch alle übrigen Kosten — im internationalen Handel nicht auszugleichen. Allmählich hat sich dann aber das Bestimmungslandprinzip immer stärker durchgesetzt. Der Versuch einer theoretischen Begründung dieses Besteuerungsverfahrens findet sich bereits bei den Klassikern. Adam Smith[19] und David Ricardo[20] plädierten für einen Steuerausgleich, weil nur dadurch eine Verzerrung der internationalen Wettbewerbsverhältnisse vermieden werden könnte. Dieses Argument ist von vielen Autoren[21] aufgegriffen worden, und es besteht kein Zweifel, „daß das theoretische Fundament des Prinzips der Besteuerung gemäß dem Bestimmungsland nach wie vor in der klassischen Wirtschaftslehre gesucht werden muß"[22].

Als in den nach dem zweiten Weltkrieg abgeschlossenen Handelsverträgen auch die Frage der Besteuerung zu regeln war, hat man bei den indirekten Steuern das Bestimmungslandprinzip zugelassen, ohne es allerdings für verbindlich zu erklären. Die meisten Länder haben jedoch von dieser Erlaubnis Gebrauch gemacht. Eine solche internationale Vereinbarung kam zunächst im GATT-Vertrag zustande[23], der im Art. XVI für die indirekten Steuern die Anwendung des Bestimmungslandprinzips erlaubt. Entsprechende — teils wörtlich übereinstimmende —

---

[17] *P. Senf:* Wirkungen eines kurzfristigen Abbaus der Steuergrenzen in der EWG unter den zur Zeit gegebenen steuerlichen Bedingungen, in: Schriftenreihe der Wirtschaftsvereinigung Eisen- und Stahlindustrie zur Wirtschafts- und Industriepolitik, Heft 6, Düsseldorf 1964, S. 13.
[18] Vgl. zu dieser Auffassung *W. Flume — K. Schmidt:* Die steuerliche Behandlung des grenzüberschreitenden Verkehrs nach Montanunion- und EWG-Vertrag, in: Schriftenreihe der Wirtschaftsvereinigung Eisen- und Stahlindustrie zur Wirtschafts- und Industriepolitik, Heft 3, Düsseldorf 1962, S. 19 ff. und S. 35; Schmidt, K.: Zur Koordination..., a.a.O., S. 449 ff.
[19] *A. Smith:* Eine Untersuchung über Natur und Wesen des Volkswohlstandes, 2. Aufl., 2. Bd., Jena 1923, S. 216 und 302.
[20] *D. Ricardo:* Zollschutz zugunsten der Landwirtschaft, in: David Ricardos kleinere Schriften, I. Getreidezölle, 2. Aufl., Jena 1922, S. 59 ff. und S. 89 ff.
[21] Vgl. z. B. *G. Haberler:* Der internationale Handel, Berlin 1933, S. 238; G. Bombach: Das Problem der optimalen internationalen Arbeitsteilung bei unterschiedlicher Struktur der Steuersysteme (Bestimmungslandprinzip versus Ursprungslandprinzip), in: Schriftenreihe der Wirtschaftsvereinigung Eisen- und Stahlindustrie zur Wirtschafts- und Industriepolitik, Heft 4, Düsseldorf 1962, S. 8 ff.
[22] *P. Senf:* Wirkungen eines kurzfristigen Abbaus..., a.a.O., S. 13.
[23] Vorher enthielt bereits die (allerdings nie in Kraft getretene) Havanna-Charta ähnliche Regelungen.

Regelungen enthält der EWG-Vertrag in den Art. 91 f. Eine Begründung, warum man sich für dieses Besteuerungsverfahren entschieden hat, findet sich in beiden Vertragswerken nicht. Manche vertreten die Auffassung, durch das Bestimmungslandprinzip solle erreicht werden, „daß im internationalen Wettbewerb die Steuern ihre Bedeutung als Kosten- und Preisbestandteile verlieren"[24], denn nur für diesen Fall könne Wettbewerbsneutralität gewährleistet werden[25]. Mitunter wird aber auch vermutet, man habe mit den genannten Vorschriften im GATT- und EWG-Vertrag „lediglich eine bestehende Praxis etwas modifiziert und legalisiert"[26], ohne theoretische Argumente für dieses Vorgehen zu bemühen. In den Jahren nach dem zweiten Weltkrieg wurde nämlich mit Hilfe der Exportvergütungen und Importbelastungen Protektionismus betrieben. Die Regelungen im GATT- und EWG-Abkommen stellen insoweit einen Kompromiß dar, „der einerseits jedem Staat wie bisher die Möglichkeit zu Ausfuhrförderungs- und Importdämpfungsmaßnahmen gibt, andererseits die negativen Auswirkungen dieser Maßnahmen ... auf ein ... (für akzeptabel gehaltenes R. P.) Maß zu reduzieren versucht"[27]. Auch Bombach ist der Meinung, daß bei der Einführung des Bestimmungslandprinzips „die normative Kraft des Faktischen eine weit entscheidendere Rolle gespielt hat als das theoretische Argument"[28]. Gleichwohl hat es später nicht an Versuchen gefehlt, das Bestimmungslandprinzip auch theoretisch zu untermauern.

IV.

Ob das Bestimmungs- oder Ursprungslandprinzip zu bevorzugen ist, kann nur entschieden werden, wenn man zunächst nach den Anforderungen fragt, die an ein Besteuerungsverfahren im internationalen Handel zu stellen sind. Überblickt man unter diesem Aspekt die einschlägige Literatur, so findet man ständig den Hinweis, die Besteuerung dürfe nicht zu Wettbewerbsverzerrungen führen, sie sei wettbewerbsneutral zu gestalten. Was dabei unter dem schillernden Begriff „Wettbewerbsverzerrungen" bzw. seinem Gegenstück der „Wettbewerbsneutralität" zu verstehen ist, wird keineswegs eindeutig definiert[29], vielmehr finden sich zumindest drei verschiedene Interpretationen:

---
[24] H. Giersch: Zur Frage der Anwendung des Ursprungs- oder Bestimmungslandprinzips bei der Umsatzsteuer im Gemeinsamen Markt, in: Schriftenreihe der Wirtschaftsvereinigung Eisen- und Stahlindustrie zur Wirtschafts- und Industriepolitik, Heft 1, Düsseldorf 1962, S. 9.
[25] Vgl. G. Bombach: Das Problem ..., a.a.O., S. 8.
[26] P. Senf: Wirkungen eines kurzfristigen Abbaus ..., a.a.O., S. 15.
[27] Ebenda, S. 15.
[28] G. Bombach: Das Problem ..., a.a.O., S. 9.
[29] In einer Untersuchung des Institutes „Finanzen und Steuern" (Europäische Wirtschaftsgemeinschaft und Steuerpolitik, Heft 52, Bonn 1957, S. 27 ff.)

1. Eine erste Gruppe von Autoren[30] bezeichnet ein Steuersystem dann als wettbewerbsneutral, wenn es die Außenhandelsströme — verglichen mit dem Zustand vor Besteuerung — nach Niveau und Struktur unverändert läßt. In diesem Fall handelt es sich um eine zahlungsbilanzpolitische Argumentation, die übrigens typisch ist für die wirtschaftspolitische Tagesdiskussion. Beispielhaft kann hier auf die Erörterung des Abwertungseffektes bei der Einführung der deutschen Mehrwertsteuer[31] und der Variation der Ausgleichssätze im Rahmen des Gesetzes zur außenwirtschaftlichen Absicherung verwiesen werden. Dabei ging es jeweils um die Frage, wie diese steuerpolitischen Maßnahmen die deutsche Zahlungsbilanz beeinflußt haben.

2. Eine zweite Gruppe von Autoren[32] identifiziert den Begriff der Wettbewerbsverzerrungen mit Abweichungen vom Pareto-Optimum. Wettbewerbsneutral ist demnach ein Steuersystem, wenn es nicht mit den Marginalbedingungen für das Handelsoptimum und das Produktionsmaximum kollidiert. Dabei wird freilich vorausgesetzt, daß diese Bedingungen — wie auch alle übrigen Voraussetzungen eines sozialökonomischen Optimums — vor der Besteuerung verwirklicht sind, also ein Pareto-Optimum vorliegt. In diesem Fall wird die Forderung nach einem wettbewerbsneutralen Steuersystem allokationspolitisch motiviert. Vor allem außenhandelstheoretische Untersuchungen, die dem Problem der steuerlichen Behandlung von Export und Import nachgehen, befassen sich mit diesem Aspekt.

3. Schließlich stellt man — vor allem bei der Besteuerung des interregionalen Handels — auch auf den Wettbewerb zwischen den einzelnen Finanzbehörden ab und spricht von einem neutralen Besteuerungsverfahren, wenn sowohl das Bestimmungsland wie auch das Ursprungsland in einem angemessenen Verhältnis am Steuerertrag beteiligt sind[33]. Unklar bleibt allerdings, was als angemessene

---

finden sich zehn verschiedene Umschreibungen für Wettbewerbsverzerrungen. Zur Diskussion dieses Begriffs vgl. *D. Bauer:* Zum Begriff der Wettbewerbsverzerrungen, in: Wirtschaft und Wettbewerb, Jahrg. 18 (1968), S. 728 ff. sowie ders.: Zum System der Wettbewerbsverzerrungen, in: Wirtschaft und Wettbewerb, Jahrg. 20 (1970), S. 204 ff.

[30] Vgl. z. B. *G. Bombach:* Das Problem ..., a.a.O.; *K. Schmidt:* Zur Koordination..., a.a.O., S. 429 ff.

[31] Vgl. hierzu z. B. *H. Mesenberg:* Der Preis- und Außenhandelseffekt der deutschen Umsatzsteuerreform 1968, in: Institut „Finanzen und Steuern", Brief Nr. 116, 1969.

[32] Vgl. insbesondere *J. E. Meade:* Trade and Welfare, London, Toronto, New York 1955, S. 156 ff.; *O. Sievert:* Außenwirtschaftliche Probleme steuerlicher Ausgleichsmaßnahmen für den internationalen Handel, Köln, Berlin, Bonn, München, o. J.; *W. Meyer:* Wettbewerbsverzerrungen im internationalen Handel, Freiburg 1967.

[33] Vgl. hierzu *W. H. Beaman:* Paying Taxes to Other States, New York 1963, S. 10.5. — Zu erwähnen sind in diesem Zusammenhang auch die Bemü-

Beteiligung zu gelten hat und was möglicherweise Indikator dafür sein könnte. In Analogie zu unseren früheren Überlegungen könnte man in diesem Fall von einer fiskalischen Argumentation sprechen, die beim interregionalen Handel für Fragen des Finanzausgleichs von größter Wichtigkeit ist.

Bei der Diskussion um ein wettbewerbsneutrales Besteuerungsverfahren für den internationalen Handel werden vor allem der Allokations- und Zahlungsbilanzaspekt in den Vordergrund gerückt, während das fiskalische Argument nur selten bemüht wird. Das überrascht insofern, als auch beim Außenhandel die Entscheidug zugunsten des Bestimmungs- oder Ursprungslandprinzips erhebliche fiskalische Effekte nach sich ziehen kann. Als Beispiel sei auf das Gesetz zur außenwirtschaftlichen Absicherung[34] verwiesen, das den Übergang vom Bestimmungslandprinzip in Richtung auf das Ursprungslandprinzip darstellte und dem Fiskus in der BRD wegen des Aktivsaldos in der deutschen Leistungsbilanz zusätzliche Steuermittel einbrachte. Da wir uns mit den in der Literatur vorgetragenen Argumenten befassen wollen, muß im Mittelpunkt der Überlegungen die Frage stehen, wie es um die Wettbewerbsneutralität von Bestimmungs- und Ursprungslandprinzip unter dem Zahlungsbilanz- und Allokationsaspekt steht.

Die traditionelle Argumentation geht nun dahin, daß bei unterschiedlichen Steuersätzen im In- und Ausland das Ursprungslandprinzip wettbewerbsverzerrend wirke, da gleiche Güter mit verschieden hoher Steuerbelastung miteinander konkurrieren müßten. Das wird beim Bestimmungslandprinzip verhindert, und deshalb bescheinigt man ihm die Wettbewerbsneutralität. Auf der anderen Seite lastet man ihm aber an, daß es des Grenzausgleichs und damit der Beibehaltung der Steuergrenzen bedürfe. Darin sieht man vor allem für den Handel innerhalb der EWG einen Mangel, weil dies mit der Absicht des EWG-Vertrages, binnenmarktähnliche Verhältnisse zu schaffen, unvereinbar ist. Außerdem wird darauf hingewiesen, daß die Praktiken der Be- und Entlastungen an der Grenze Möglichkeiten für protektionistische Eingriffe bieten. Kontrovers ist schließlich auch die Höhe des Ausgleichssatzes: Die einen[35] plädieren für einen Ausgeich mit dem vollen Steuersatz, die

---

hungen, bei den amerikanischen gross receipts taxes die Bemessungsgrundlage auf verschiedene Staaten aufzuteilen. Vgl. dazu *R. Peffekoven*: Die Besteuerung..., a.a.O., S. 423.

[34] Vgl. „Gesetz über Maßnahmen zur außenwirtschaftlichen Absicherung gemäß § 4 des Gesetzes zur Förderung der Stabilität und des Wachstums der Wirtschaft", BGBl. I (1968), S. 1255.

[35] Hierzu zählen vor allem die in Fußnote 32 genannten Autoren. — Nur bei einem Ausgleich mit dem vollen Steuersatz kann die Rede vom Bestimmungslandprinzip sein. Würde dagegen mit einem niedrigeren Satz ausgeglichen, lägen Mischformen von Bestimmungsland- und Ursprungslandprinzip vor.

anderen[36] sind der Meinung, es dürfe lediglich im Umfang der tatsächlichen Steuerinzidenz be- und entlastet werden. Was ist von diesen Argumenten im einzelnen zu halten?

V.

Unsere Überlegungen gehen zunächst von folgenden Voraussetzungen aus:

1. Wir betrachten den Zwei-Länder-Fall (Inland und Ausland). Das Inland sei im Verhältnis zum Ausland so groß, daß seine steuerpolitischen Aktionen den Weltmarktpreis beeinflussen können. Terms of Trade-Effekte sind mithin denkbar.
2. Das Inland erhebe bei der Herstellung eines Gutes, das sowohl im Inland wie auch im Ausland angeboten und nachgefragt wird, eine Steuer auf der letzten Produktionsstufe, während das Ausland (zunächst) eine solche Abgabe nicht kennt. Der Einfachheit halber wollen wir annehmen, daß es sich dabei um eine spezifische Steuer[37] handelt, deren Aufkommen relativ gering ist, so daß die Verwendung der Staatseinnahmen vernachlässigt werden kann[38].
3. Im internationalen Handel werden nur Endprodukte ausgetauscht; die Exporte des In- und Auslandes enthalten also keinen Importanteil. Auf sämtlichen Märkten gelte die Marktform der vollständigen Konkurrenz; die Anbieter verfolgen das Prinzip der Gewinnmaximierung. Von Transportkosten und Handelshemmnissen wird abgesehen.
4. Die Ausstattung mit Produktionsfaktoren ist im In- und Ausland gegeben; international sind die Faktoren immobil.
5. Es gelten feste Wechselkurse. Der Anteil des besteuerten Gutes am Außenhandel ist relativ gering, so daß wir Wirkungen, die aus dem Prozeß des Zahlungsbilanzausgleichs resultieren, zunächst vernachlässigen können.

Wir wollen nun annehmen, die Produktionssteuer werde ohne Grenzausgleich erhoben, es gelte also das Ursprungslandprinzip. Die daraus

---

[36] Vgl. z. B. *K. Schmidt*: Zur Koordination..., a.a.O., S. 440 f.; *G. Bombach*: Das Problem..., a.a.O., S. 19; *H. Giersch*: Zur Anwendung..., a.a.O., S. 9 ff.
[37] Abgesehen von einigen quantitativen Unterschieden ergeben sich für eine Wertsteuer die gleichen Ergebnisse.
[38] Manche Autoren klammern das Problem der Mittelverwendung mit der Annahme aus, die Steuereinnahmen würden dem Ausland (z. B. in Form von Entwicklungshilfe) geschenkt (vgl. *H. Möller*: Ursprungs- und Bestimmungslandprinzip, a.a.O., S. 393 f.). Allerdings ergibt sich damit ein neues Problem: Man müßte die Zahlungsbilanzwirkungen solcher Geschenke berücksichtigen.

resultierenden Wirkungen lassen sich anhand der folgenden Fig. 1 veranschaulichen[39].

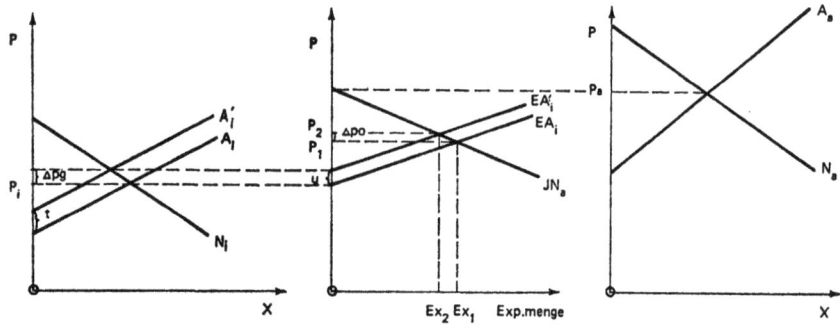

Fig. 1

Im linken Koordinatensystem sind die Angebots- und Nachfragekurve des Inlandes (A_i bzw. N_i) eingezeichnet. Im isolierten Zustand würde sich der Gleichgewichtspreis bei p_i einstellen. Im rechten Koordinatensystem sind die gleichen Zusammenhänge für das Ausland erfaßt (A_a bzw. N_a), der Gleichgewichtspreis liegt dort im isolierten Zustand bei p_a.

Wird nunmehr der Außenhandel aufgenommen, so muß sich ein Gleichgewichtspreis zwischen p_i und p_a ergeben. Für alle Preise $p > p_i$ hat das Inland ein Überschuß- oder Exportangebot EA_i, während das Ausland für alle Preise $p < p_a$ eine Überschuß- oder Importnachfrage IN_a aufweist. Die beiden Kurven EA_i und IN_a sind im mittleren Koordinatensystem eingezeichnet. Gleichgewicht auf dem Weltmarkt wird beim Preise p_1 erreicht, bei dem das inländische Exportangebot der ausländischen Importnachfrage entspricht.

Wird in dieser Situation im Inland eine spezifische Steuer t erhoben, so verschiebt sich die A_i-Kurve um t parallel nach oben[40]. Auf das Exportangebot schlägt sich diese Steuererhebung in einer Parallelverschieben der Kurve EA_i um u nach EA_i' nieder. Dabei zeigt sich, daß $u = \Delta p_g$ ist, also der Preissteigerung entspricht, die die Steuer t hervorrufen würde, wenn sie in einer geschlossenen Wirtschaft erhoben

---

[39] Die Technik der Darstellung wird als bekannt vorausgesetzt. Zu den Einzelheiten vgl. *E. Schneider*: Einführung in die Wirtschaftstheorie, III. Teil: Geld, Kredit, Volkseinkommen und Beschäftigung, 11. Aufl., Tübingen 1969, S. 314 ff.; vgl. auch *Ch. E. McLure*: Commodity Tax Incidence in Open Economies, in: National Tax Journal, Vol. 17 (1964), S. 187 ff.
[40] Vgl. dazu *R. A. Musgrave*: Finanztheorie, Tübingen 1966, S. 248.

würde. Aus der mikroökonomischen Steuerwirkungslehre wissen wir[41], daß

$$(1) \quad u = \Delta p_g = \frac{1}{1 - \dfrac{g_i'(x)}{f_i'(x)}} t$$

ist[42]. Wir können demnach zunächst festhalten, daß sich die spezifische Steuer t im Inland auf den Außenhandel wie ein Exportzoll in Höhe von u[43] auswirkt. Man bezeichnet u mitunter auch als Verzerrungsfaktor[44].

Der Gleichgewichtspreis steigt nach der Besteuerung um Δp_0 von p_1 auf p_2, wobei[45]

$$(2) \quad \Delta p_0 = \frac{1}{1 - \dfrac{g_i'(x)}{f_i'(x)} + \dfrac{g_i'(x)}{g_a'(x)} - \dfrac{g_i'(x)}{f_a'(x)}} t$$

ist. Ein Vergleich der Formeln (1) und (2) zeigt, daß $\Delta p_0 < \Delta p_g$ ist. Daraus folgt, daß das oft vorgetragene Argument[46] zutrifft, wonach in einer offenen Wirtschaft weniger überwälzt wird als in einer geschlossenen[47]. Der neue Preis p_2 ist für In- und Ausland Bruttopreis (= Preis einschließlich Steuer), während der Nettopreis (= Preis ohne Steuer)

---

[41] Vgl. *R. A. Musgrave:* Finanztheorie, a.a.O., S. 247 ff.; H. C. Recktenwald: Steuerüberwälzungslehre, 2. Aufl., Berlin 1966, S. 130 ff.

[42] Hier und im folgenden gehen wir davon aus, daß die Angebots- und Nachfragekurven normal verlaufen und für sie folgende Funktionen gelten:

$A_i : p = g_i(x); \quad A_a : p = g_a(x)$
$N_i : p = f_i(x); \quad N_a : p = f_a(x)$

p = Preis, x = Menge

Ferner wird angenommen, daß es sich um lineare Funktionen handelt, deren Steigungen (absolut genommen) zwischen Null und Unendlich liegen.

[43] Sofern die Angebots- und Nachfragekurve des Inlands nicht völlig elastisch oder völlig unelastisch verlaufen, ist u stets größer als Null, aber kleiner als t.

[44] Vgl. *H. Riese:* Anhang zu G. Bombach: Das Problem..., a.a.O., S. 50. Riese wählt dort für den Verzerrungsfaktor einen etwas anderen Ausdruck, der aber ökonomisch das gleiche aussagt.

[45] Vgl. Fußnote 42. Zur Herleitung der Formel (2) siehe Anhang.

[46] Vgl. hierzu z. B. *R. A. Musgrave* — *D. W. Daicoff:* Who Pays the Michigan Taxes, in: Michigan Tax Study, Staff Papers, Lansing 1958, S. 131 ff.; *W. E. Koenker* — *G. W. Fischer:* Tax Equity in North Dakota, University of North Dakota, Bureau of Business and Economic Research, North Dakota Economic Studies No. 4, Grand Forks 1960, S. 130; *O. H. Brownlee:* Estimated Distribution of Minnesota Taxes and Public Expenditure Benefits, University of Minnesota Studies in Economics and Business, Minneapolis 1960, S. 11; Wisconsin's State and Local Tax Burden, University of Wisconsin Tax Study Committee, Madison 1959, S. 37 ff.

[47] Voraussetzungen siehe Fußnote 42.

in beiden Ländern differiert: Er beträgt im Inland $p_2 - t$, im Ausland dagegen p_2, weil dort — da nicht besteuert wird — Brutto- und Nettopreis zusammenfallen. Mit steigendem Preis des Exportgutes sinkt die exportierte Menge und damit — bei hinreichend großer Elastizität der IN_a-Kurve — auch der Exportwert.

Anschließend ist nun zu fragen, was sich an diesen Ergebnissen ändert, wenn das besteuerte Gut vom Inland her gesehen ein Importgut ist. Das setzt offenbar voraus, daß im isolierten Zustand $p_i > p_a$ ist. Infolgedessen ergibt sich für alle Preise $p < p_i$ eine Importnachfrage des Inlandes (IN_i) und für alle Preise $p > p_a$ ein ausländisches Exportangebot (EA_a), wie es in Fig. 2 dargestellt ist:

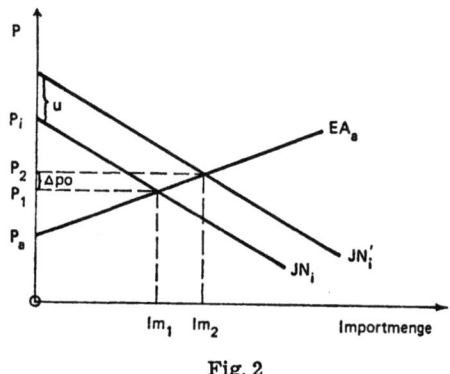

Fig. 2

Gleichgewicht besteht vor der Besteuerung beim Preise p_1 und der Importmenge Im_1. Eine im Inland erhobene spezifische Steuer t wirkt auf den Außenhandel wie eine Importsubvention in Höhe von u[48], die Kurve IN_i muß also um u parallel nach IN_i' verschoben werden. Der Preis steigt um Δp_0 auf p_2, wobei wiederum gilt[49]

$$\Delta p_0 = \frac{1}{1 - \frac{g_i'(x)}{f_i'(x)} + \frac{g_i'(x)}{g_a'(x)} - \frac{g_i'(x)}{f_a'(x)}} t$$

Die Importmenge steigt auf Im_2, so daß auch der Wert des Importes zunimmt. Der neue Gleichgewichtspreis p_2 stellt den Bruttopreis im In- und Ausland sowie den Nettopreis im Ausland dar. Im Inland dagegen beträgt der Nettopreis $p_2 - t$. Nach diesen Überlegungen können wir

---

[48] Es gilt wiederum die Relation (1) unter der Prämisse, daß wir von den gleichen Angebots- und Nachfragekurven ausgehen.

[49] Da das Unterscheidungskriterium zwischen einem Exportmarkt und einem Importmarkt die Relation $p_i \lessgtr p_a$ ist, diese Größen in die Relation (2) aber nicht eingehen, muß sich auch in diesem Fall der gleiche Wert für Δp_0 ergeben.

nun auf die Frage der Wettbewerbsverzerrungen eingehen. Unter zahlungsbilanzpolitischem Aspekt ist das Ursprungslandprinzip in diesem Fall nicht wettbewerbsneutral, da es exporthemmend und importfördernd wirkt. Identifiziert man den Begriff der Wettbewerbsverzerrungen dagegen mit Abweichungen vom Pareto-Optimum, so hängt das Urteil über ein Besteuerungsverfahren davon ab, inwieweit es mit den Bedingungen für das Handelsoptimum und das Produktionsmaximum vereinbar ist[50].

Das Handelsoptimum ist verwirklicht, wenn
1. das Verhältnis der Grenznutzen zweier beliebiger Güter für alle Konsumenten in beiden Ländern gleich ist und das Grenznutzenverhältnis dem Preisverhältnis entspricht.

Das Produktionsmaximum verlangt dagegen, daß
2. das Verhältnis der Grenzkosten zweier beliebiger Güter bei allen Herstellern dieser Güter gleich ist und dem Preisverhältnis entspricht.

Zu prüfen bleibt also, ob eine Produktionssteuer auf ein einzelnes Gut bei Steuerfreiheit aller anderen Güter mit den Bedingungen 1. und 2. vereinbar ist. Wenn wir davon ausgehen, daß Bedingung 1. vor Besteuerung verwirklicht war, so verhindert eine spezielle Produktionssteuer nur dann die Optimierung des Handels n i c h t, wenn entweder
a) die Preise aller Güter nach Besteuerung prozentual gleich steigen
oder
b) differenzierte Preiserhöhungen einheitlich für alle Nachfrager gelten.

Entscheidende Bedingung für das Handelsoptimum ist demnach das Prinzip der Nichtdiskriminierung[51]. Wie bereits oben gezeigt, läßt die Produktionssteuer den B r u t t o preis des besteuerten Gutes bei Konstanz aller übrigen Preise steigen. Diese Preissteigerung gilt jedoch für alle Nachfrager im In- und Ausland; demnach ist Bedingung b) erfüllt: Eine spezielle Produktionssteuer kollidiert n i c h t mit dem Handelsoptimum. Im Hinblick auf die Optimierung des Handels ist „die Anwendung des Ursprungslandprinzips das richtige Verfahren für die steuerliche Behandlung des internationalen Handels"[52].

Im nächsten Schritt ist nun zu prüfen, ob die spezielle Produktionssteuer mit der Bedingung 2. für das Produktionsmaximum vereinbar ist. Die Produzenten orientieren ihre Entscheidungen nicht an den Brutto-, sondern an den Nettopreisen. Mithin kommt es für die optimale Ar-

---

[50] Wir setzen hier wie auch im folgenden stets voraus, daß vor Besteuerung ein Pareto-Optimum verwirklicht war. Zu den Bedingungen eines sozialökonomischen Optimums vgl. *F. M. Bator*: The Simple Analytics of Welfare Maximization, in: Readings in Microeconomics, hrsg. von W. Breit und H. M. Hochmann, New York etc., 1968, S. 385 ff.
[51] Vgl. *O. Sievert*: Außenwirtschaftliche Probleme..., a.a.O., S. 21.
[52] *O. Sievert*: Außenwirtschaftliche Probleme..., a.a.O., S. 22.

beitsteilung allein auf die Nettopreise an, die im In- und Ausland übereinstimmen müssen, wenn Bedingung 2. erfüllt sein soll. Nun ist aber bereits oben gezeigt worden, daß der Nettopreis des besteuerten Gutes im Inland ($p_2 - t$) niedriger liegt als im Ausland (p_2), während die Nettopreise aller übrigen Güter übereinstimmen[53]. Marginalbedingung 2. ist also nach Besteuerung nicht verwirklicht: Eine spezielle Produktionssteuer kollidiert mit dem Produktionsmaximum. Daraus folgt aber, daß diese Steuer auch unter dem Allokationsaspekt nicht wettbewerbsneutral ist.

Nun wird behauptet, man könne diese wettbewerbsverzerrenden Wirkungen der Produktionssteuer vermeiden, wenn man zum Bestimmungslandprinzip überginge, die Steuer also mit einem Grenzausgleich in Höhe des Steuersatzes ausstatte. Dieses Argument soll im folgenden überprüft werden. Dabei können wir unmittelbar an die bisherigen Überlegungen anknüpfen, wenn wir berücksichtigen, daß man die spezielle Produktionssteuer mit Grenzausgleich als Kombination zwischen Inlandssteuer t und Exportsubvention bzw. Importzoll t behandeln kann. Auf einem Exportmarkt des Inlandes ergeben sich damit die in Fig. 3 dargestellten Wirkungen:

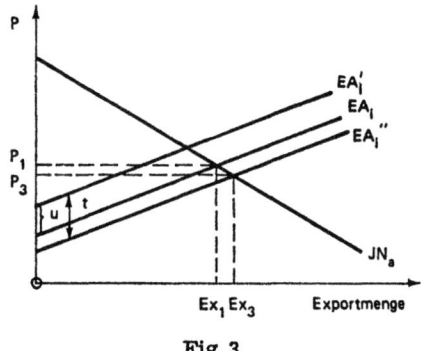

Fig. 3

Das Exportangebot EA_i wird zunächst — wie oben bereits dargestellt — um u nach EA_i' verschoben. Die Exportsubvention t kann man dagegen als Verschiebung der EA_i'-Kurve um t senkrecht nach unten in die Lage EA_i'' zum Ausdruck bringen. Es zeigt sich, daß der Gleichgewichtspreis auf p_3 sinkt, die Exportmenge auf Ex_3 steigt und bei hinreichend elastischem Verlauf der IN_a-Kurve auch der Exportwert zunimmt. Die Besteuerung nach dem Bestimmungslandprinzip hat also exportfördernd gewirkt. Ebenso läßt sich zeigen, daß auf einem Import-

---

[53] Entsprechend unseren Voraussetzungen müssen vor Besteuerung die (Brutto- = Netto-) Preise im In- und Ausland übereinstimmen.

markt des Inlandes der Preis, die Menge und der Wert des Importes sinken. Die Produktionssteuer mit Grenzausgleich wirkt also importhemmend. Unter dem Zahlungsbilanzaspekt ist mithin die Besteuerung nach dem Bestimmungslandprinzip — entgegen der weitverbreiteten Auffassung — nicht wettbewerbsneutral. Eine Ausnahme liegt lediglich vor, wenn
$$t = u$$
bzw.
$$\frac{1}{1 - \frac{g_i'(x)}{f_i'(x)}} = 1$$

ist, was aber nur der Fall sein kann, wenn die Angebotskurve des Inlandes völlig elastisch oder die Nachfragekurve des Inlandes völlig unelastisch verläuft. In allen anderen Fällen ist das derzeitige Verfahren[54], mit dem vollen Steuersatz zu entlasten oder zu belasten, unter dem Zahlungsbilanzaspekt schon von der Partialanalyse her widerlegt. Insoweit ist Bombach[55] zuzustimmen, der darauf hinweist, „daß alle bekannten, zum Teil seit beinahe einem Jahrhundert gesicherten Resultate der partiellen Gleichgewichtsanalyse in ihrer Anwendung auf die Inzidenztheorie... bei der Verfechtung des Bestimmungslandprinzips als nicht existent betrachtet werden".

An dieser Stelle könnte man natürlich fragen, wie hoch denn der Ausgleichssatz sein müßte, damit die Besteuerung zahlungsbilanzpolitisch neutral wirkt. Aus Fig. 3 läßt sich unmittelbar entnehmen, daß dafür ausschließlich ein Ent- bzw. Belastungssatz in Höhe von u, also des Verzerrungsfaktors, in Frage kommen kann, wobei

$$u = \Delta p_g = \frac{1}{1 - \frac{g_i'(x)}{f_i'(x)}} t$$

ist. Allerdings muß man sich im klaren sein, daß in diesem Fall nicht mehr von der Besteuerung nach dem Bestimmungslandprinzip die Rede sein kann, vielmehr liegt eine Mischform zwischen Ursprungs- und Bestimmungslandprinzip vor.

Um die Allokationswirkungen der Besteuerung nach dem Bestimmungslandprinzip ermitteln zu können, müssen wir wieder auf die Preisrelationen abstellen, die für Konsumenten und Produzenten im In- und Ausland gelten. Der sich nach Besteuerung ergebende Preis p_3 ist Nettopreis im In- und Ausland sowie Bruttopreis im Ausland, für das Inland gilt dagegen der Bruttopreis $p_2 = p_3 + t$. Ohne erneut auf

---
[54] Vgl. GATT-Vertrag Art. XVI und EWG-Vertrag Art. 91 f.
[55] G. *Bombach*: Das Problem..., a.a.O., S. 17.

die Einzelheiten der Bedingungen für das Handelsoptimum und Produktionsmaximum einzugehen, können wir sogleich das Ergebnis festhalten: Da die Nettopreise im In- und Ausland für alle Produzenten übereinstimmen, ist das Produktionsmaximum verwirklicht. Nach Besteuerung liegt der Bruttopreis des besteuerten Gutes im Inland aber höher als im Ausland, wärend die Bruttopreise aller übrigen Güter im In- und Ausland übereinstimmen. Infolgedessen kollidiert die Steuer mit dem Handelsoptimum.

Unter dem Allokationsgesichtspunkt kommt man demnach zu folgendem Ergebnis: Wird eine spezielle Produktionssteuer ohne Grenzausgleich erhoben, gilt also die Besteuerung nach dem Ursprungslandprinzip, dann ist das Handelsoptimum, nicht aber das Produktionsmaximum verwirklicht. Wird die Steuer dagegen mit einem Grenzausgleich in Höhe des Steuersatzes versehen, gilt also das Bestimmungslandprinzip, dann wird — umgekehrt — das Produktionsmaximum, nicht aber das Handelsoptimum verwirklicht. Welches Besteuerungsverfahren man auch zugrundelegt, die Erhebung einer speziellen Produktionssteuer führt zu Wohlfahrtsverlusten, und es gibt kein System von Ausgleichssätzen, das das verhindern könnte.

Unsere Überlegungen haben ferner ergeben, daß unter dem Zahlungsbilanzaspekt andere Ausgleichssätze zu fordern sind als unter dem Allokationsaspekt. Bei einer speziellen Produktionssteuer verlangt die Erhaltung der Handelsströme einen Ausgleichssatz von $t_A = u$, für die Verwirklichung des Produktionsmaximums müßte der Ausgleichssatz $t_A = t$ sein, während das Handelsoptimum nur beim Ausgleichssatz $t_A = 0$ verwirklicht werden kann. Es zeigt sich also, daß es ein ideales Ausgleichssystem in dem Sinne, daß sowohl den zahlungsbilanzpolitischen als auch den allokationspolitischen Zielen Genüge getan wäre, nicht gibt.

Betrachtet man beide Aspekte getrennt, so kann man feststellen, daß der Grenzausgleich, was das zahlungsbilanzpolitische Ziel angeht, theoretisch gerechtfertigt werden kann. Für die Ermittlung der korrekten Ausgleichssätze benötigt man jedoch die in der Regel unbekannten Steigungen der Angebots- und Nachfragekurven im steuererhebenden Land, so daß sich das Verfahren in praxi nicht handhaben läßt. Zu berücksichtigen ist auch, daß für die Höhe des Ausgleichssatzes allein die Preissteigerung Δp_g entscheidend ist. Damit ist aber gleichzeitig bewiesen, daß die in der Literatur[56] vertretene Meinung, für die Höhe des korrekten Ausgleichssatzes sei die tatsächliche Preiswirksamkeit der

---

[56] Vgl. *H. Giersch:* Zur Frage der Anwendung..., a.a.O., S. 16; *G. Schmölders:* Zur Frage der steuerlichen Wettbewerbsverzerrungen im grenzüberschreitenden Warenverkehr innerhalb der Europäischen Wirtschaftsgemeinschaft, in: Schriftenreihe der Wirtschaftsvereinigung Eisen- und Stahlindustrie zur Wirtschafts- und Industriepolitik, Heft 2, Düsseldorf 1962, S. 20 ff.

Steuer entscheidend, falsch ist. Die Preiserhöhung, die die Steuer hervorruft, beträgt Δp_0. Diese Größe geht aber in die Berechnung des Ausgleichssatzes gar nicht ein. Entscheidend ist vielmehr die (hypothetische) Preissteigerung Δp_g, die sich einstellen würde, wenn die Steuer in einer geschlossenen Wirtschaft aufgrund der im Inland bestehenden Angebots- und Nachfragekurven erhoben würde. Auch die wiederholt vorgenommenen Versuche[57], das Ausmaß der Preissteigerungen empirisch festzustellen, können in diesem Fall nicht weiterhelfen; denn es kann höchstens Δp_0, nicht aber Δp_g ermittelt werden. Unter dem Zahlungsbilanzaspekt kann also ein Grenzausgleich nicht leisten, was man sich gemeinhin von ihm verspricht. Wegen der nicht exakt feststellbaren Sätze für einen korrekten Ausgleich ist die gesamte Prozedur im Grunde verfehlt und kann u. U. sogar das Gegenteil des an sich angestrebten Effektes hervorrufen[58]. Die Wahrscheinlichkeit dafür, daß durch das Bestimmungslandprinzip, d. h. durch den Ausgleich mit dem vollen Steuersatz, steuerbedingte Verzerrungen beseitigt werden, ist keineswegs größer als die Wahrscheinlichkeit, daß neue geschaffen werden[59].

Verfolgt man das Ziel der optimalen Faktorallokation, so ist das Bestimmungslandprinzip theoretisch nicht zu rechtfertigen, denn es ist dem Ursprungslandprinzip keineswegs eindeutig überlegen; beide Besteuerungsverfahren sind mit Wohlstandsverlusten verbunden. Interessant ist nun die Frage, ob es Bedingungen gibt, unter denen die bei einer speziellen Produktionssteuer unvermeidlichen Wohlstandsverluste auf ein Mindestmaß beschränkt werden können. Es muß also nach Anhaltspunkten gesucht werden, „ob im Einzelfall der Verzicht auf das Handelsoptimum (d. h. die Besteuerung nach dem Bestimmungslandprinzip R. P.) oder der Verzicht auf das Produktionsmaximum (d. h. die Besteuerung nach dem Ursprungslandprinzip R. P.) eine geringere Wohlfahrtseinbuße mit sich bringt"[60].

Mit dieser Frage hat sich vor allem Meade[61] befaßt, dem wir hier im wesentlichen folgen wollen. Mißt man die Wohlstandsverluste an den

---

[57] Vgl. z. B. *O. H. Brownlee* — *G. L. Perry:* The Effects of the 1965 Federal Excise Tax Reductions on Prices, in: National Tax Journal, Vol. 20 (1967), S. 235 ff.
[58] Vgl. *P. Senf:* Wirkungen eines kurzfristigen Abbaus..., a.a.O., S. 21.
[59] Vgl. *H. Giersch:* Zur Frage der Anwendung..., a.a.O., S. 26.
[60] *M. D. Schulte:* Die wirtschaftspolitischen Grundlagen des Bestimmungs- und Ursprungslandprinzips, Vortrags-Manuskript 1963, S. 22 (in englischer Fassung erschienen unter dem Titel: The Economic Theory of the Destination Principle and the Origin Principle, in: Institut International de Finances Publiques, Congrès de Luxembourg, Septembre 1963, XIXe session, York, Paris, Saarbrücken 1966, S. 217 ff., hier: S. 235).
[61] *J. E. Meade:* Trade and Welfare, a.a.O., S. 191 ff.

produzierten bzw. gekauften Gütern[62] und vernachlässigt man Rückwirkungen der Besteuerung auf andere Märkte, so gilt: Für das besteuerte Gut ist dasjenige Besteuerungsverfahren zu empfehlen, das die jeweils geringeren Mengeneffekte auslöst. Für die Reaktion der Menge auf eine Steuererhebung sind nun aber die Elastizitäten von Angebot und Nachfrage im In- und Ausland und die Höhe des Steuersatzes entscheidend.

1. Bei gegebenen Elastizitäten im In- und Ausland sind die Mengeneffekte und damit die Wohlstandsverluste um so geringer je niedriger der Steuersatz ist. Will der Staat auf dem besteuerten Markt ein bestimmtes Steueraufkommen erzielen, so ist die Wahl der jeweils größeren Bemessungsgrundlage mit einem niedrigeren Steuersatz und damit geringeren Wohlstandsverlusten verbunden[63]. Daraus folgt, daß auf einem Importmarkt das Bestimmungslandprinzip, auf einem Exportmarkt aber das Ursprungslandprinzip zu befürworten wäre. Im ersten Fall würde nämlich der g e s a m t e Konsum, im zweiten Fall die g e s a m t e Produktion Bemessungsgrundlage der Steuern sein[64].

2. Geht man dagegen von einem gegebenen Steuersatz aus, so entscheiden allein die Elastizitäten der Angebots- und Nachfragekurven darüber, welches Besteuerungsverfahren die geringsten Mengeneffekte und damit Wohlstandsverluste auslöst. Auf einem Importmarkt empfiehlt sich die Anwendung des Ursprungslandprinzips, wenn die Elastizität des inländischen Angebots kleiner ist als die des ausländischen. Liegt die Relation umgekehrt, so müßte man sich für das Bestimmungslandprinzip entscheiden. Auf einem Exportmarkt wäre dieses Verfahren anzuwenden, wenn die Auslandsnachfrage elastischer ist als die inländische Nachfrage. Gilt die umgekehrte Beziehung, so ist das Ursprungslandprinzip geboten.

„Die steuerliche Bevorzugung des jeweils elastischeren Angebotes im Falle eines Importgutes und der jeweils elastischeren Nachfrage im Falle eines Exportgutes beschränkt die mit einer speziellen Steuer unvermeidlichen Konsum- und Produktionsbeschränkungen... auf ein Minimum[65]." Berücksichtigt man, daß in der Regel auf dem Auslandsmarkt die Elastizitäten von Angebot und Nachfrage größer sind als im Inland[66], so ist für einen Importmarkt das Ursprungsland-

---

[62] Hierbei handelt es sich um das übliche Verfahren, den Wohlstand mit der Güterversorgung zu identifizieren, Probleme der Distribution aber auszuklammern. Zur Kritik vgl. *H. Albert*: Der Trugschluß in der Lehre vom Gütermaximum, in: Zeitschrift für Nationalökonomie, Bd. 14 (1954), S. 90 ff.
[63] Vgl. *J. E. Meade*: Trade and Welfare, a.a.O., S. 192 f.
[64] Vgl. *H. Möller*: Ursprungs- und Bestimmungslandprinzip, a.a.O., S. 410.
[65] *M. D. Schulte*: Die wirtschaftspolitischen Grundlagen..., a.a.O., S. 23 (Englische Fassung: M. D. Schulte: The Economic Theory..., a.a.O., S. 235 f.).
[66] Vgl. *J. E. Meade*: Trade and Welfare, a.a.O., S. 197.

prinzip und für einen Exportmarkt das Bestimmungslandprinzip zu fordern.

Sofern über die Elastizitäten keine hinreichend genauen Vorstellungen bestehen, gibt es kein eindeutiges Kriterium für die Entscheidung zugunsten des einen oder anderen Besteuerungsverfahrens. Man könnte höchstens vermuten, daß eine second-best-Lösung bei einem Grenzausgleich mit halben Ausgleichssätzen liegt. „Dafür spricht, daß der Wohlfahrtsverlust durch verzerrte Tauschbedingungen... mit zunehmenden Ausgleichssätzen steigt, während gleichzeitig der Wohlfahrtsgewinn durch Entzerrung der Produktionsbedingungen sinkt[67]." Dies gilt allerdings nur, wenn man annehmen darf, daß die Reaktionen der Konsumenten und Produzenten auf Verzerrungen der Brutto- bzw. Nettopreisrelationen mit deren Größe zunehmen, was ziemlich realistisch erscheint, wenn man an die Immobilität der Produktionsfaktoren und die Trägheit in den Verhaltensweisen der Wirtschaftssubjekte denkt[68]. Bei einem Ausgleich mit halben Sätzen entscheidet man sich aber gleichzeitig für eine Kombination zwischen Bestimmungs- und Ursprungslandprinzip.

In den Fällen 1. und 2. hat sich gezeigt, daß für den Importmarkt ein anderes Besteuerungsverfahren zu fordern ist als für den Exportmarkt. Diese Ergebnisse gelten nur — worauf noch einmal ausdrücklich hingewiesen werden muß — unter der Voraussetzung, daß lediglich das Inland eine Steuer erhebt. Für diesen Fall ist das entwickelte Besteuerungsverfahren praktikabel und unproblematisch. Das ändert sich aber, wenn auch das Ausland eine Steuer erhebt und auf dem Import- und Exportmarkt unterschiedliche Besteuerungsverfahren einführt. Wenn nämlich in beiden Ländern der Import dem Bestimmungsland-, der Export aber dem Ursprungslandprinzip unterliegt, resultiert daraus die Doppelbesteuerung des internationalen Handels sowohl im Liefer- wie auch im Bezugsland. Wird umgekehrt auf einem Importmarkt im In- und Ausland das Ursprungslandprinzip praktiziert, während auf einem Exportmarkt das Bestimmungslandprinzip gilt, so ergibt sich die generelle Steuerfreiheit für den zwischenstaatlichen Handel. Welche Probleme Doppelbesteuerung und Steuerfreiheit im einzelnen aufwerfen, habe ich an anderer Stelle für das Beispiel des interregionalen Warenaustauschs in den USA dargestellt[69].

Wir kommen damit zu folgendem Zwischenergebnis: Eine eindeutige Entscheidung zugunsten des Bestimmungslandprinzips oder des Ursprungslandprinzips läßt sich unter den hier gemachten Voraussetzungen nicht fällen. Unter dem Zahlungsbilanzaspekt ist zu entscheiden, ob

---
[67] O. *Sievert*: Außenwirtschaftliche Probleme..., a.a.O., S. 58.
[68] Vgl. O. *Sievert*: Außenwirtschaftliche Probleme..., a.a.O., S. 58.
[69] Vgl. R. *Peffekoven*: Die Besteuerung..., a.a.O., S. 419 ff.

man der Exporthemmung und Importförderung oder der Exportförderung und Importhemmung den Vorzug geben will. Unter allokationspolitischem Aspekt ist kein Kriterium zu finden, „mit dem sich ein allgemeiner Kompromiß zwischen den Zielen Handelsoptimum und Produktionsmaximum erreichen ließe"[70].

Ein sachlich fundiertes Urteil kann nur auf den Einzelfall abstellen: Bei manchen Gütern empfiehlt sich die Anwendung des Bestimmungslandprinzips (d. h. die Verbrauchssteuer oder Produktionssteuer mit vollem Grenzausgleich), bei anderen das Ursprungslandprinzip (d. h. die Produktionssteuer ohne Grenzausgleich). Die am Außenhandel beteiligten Länder müssen sich allerdings auf eines der beiden Besteuerungsverfahren verbindlich einigen. Das bedeutet gleichzeitig die Forderung nach einer weitgehenden internationalen Harmonisierung der Steuer a r t e n (Produktionsbesteuerung oder Verbrauchsbesteuerung). Wir wollen einen solchen Fall im folgenden näher untersuchen und davon ausgehen, daß nicht nur das Inland, sondern nun auch das Ausland das betrachtete Gut mit einer gleichen Steuerart belegt, wobei die Steuersätze freilich voneinander abweichen können. Wie ist in diesem Fall die Kontroverse Bestimmungs- oder Ursprungslandprinzip zu entscheiden?

VI.

Wir wollen zunächst annehmen, daß In- und Ausland das bisher betrachtete Gut mit einer Produktionssteuer (t_i bzw. t_a) ohne Grenzausgleich belegen; beide praktizieren also das Ursprungslandprinzip. Ferner sei unterstellt, daß das Gut vor Besteuerung vom Inland exportiert wurde. Die Steuer t_i wirkt nun auf das inländische Exportangebot wie ein Zoll in Höhe von

$$u_a = \frac{1}{1 - \dfrac{g_i'(x)}{f_i'(x)}} t_i \text{ [71]}$$

Die Kurve des Exportangebots muß also — in Fig. 4 — um u_i parallel nach oben verschoben werden. u_i ist der bereits früher hergeleitete Verzerrungsfaktor. Die Auslandssteuer t_a entspricht einer Subvention der ausländischen Importnachfrage in Höhe von

$$u_i = \frac{1}{1 - \dfrac{g_a'(x)}{f_a'(x)}} t_a$$

---

[70] O. *Sievert:* Außenwirtschaftliche Probleme..., a.a.O., S. 57.
[71] Vgl. oben S. 43.

Das Bestimmungs- und Ursprungslandprinzip bei Steuern

was in Fig. 4 durch eine Verschiebung der IN_a-Kurve um u_a parallel nach oben in die Lage IN_a' zum Ausdruck kommt. u_a entspricht dem von der ausländischen Steuer ausgelösten Verzerrungsfaktor.

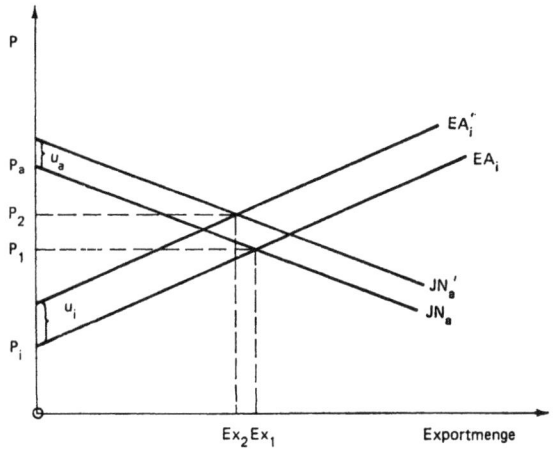

Fig. 4

Wie aus der Darstellung zu entnehmen ist, steigt der Gleichgewichtspreis nach Besteuerung auf p_2. Hierbei handelt es sich um den Bruttopreis, der für In- und Ausland gleichermaßen gilt. Der Nettopreis im Inland beträgt $p_2 - t_i$ und im Ausland $p_2 - t_a$.

Die exportierte Menge kann infolge der Besteuerung steigen, konstant bleiben oder sinken, je nachdem, ob $u_i \lesseqgtr u_a$ ist. Verzerrungsfreier Außenhandel wäre demnach gegeben für

$$u_i = u_a$$

bzw.

$$\frac{1}{1-\dfrac{g_i'(x)}{f_i'(x)}} t_i = \frac{1}{1-\dfrac{g_a'(x)}{f_a'(x)}} t_a$$

oder

(3) $$\frac{t_i}{t_a} = \frac{1-\dfrac{g_i'(x)}{f_i'(x)}}{1-\dfrac{g_a'(x)}{f_a'(x)}}$$

Aus dieser Bedingung folgt unter anderem, daß — entgegen der landläufigen Vorstellung[72]. — die vollständige Harmonisierung der Steuersätze ($t_i = t_a$) keineswegs erforderlich ist, um die Handelsströme auf dem Niveau zu erhalten, das vor Besteuerung gegeben war. Zur Verzerrung kann es auch dann kommen, wenn die Steuersätze in beiden Ländern übereinstimmen[73]. Für die Neutralität unter Zahlungsbilanzaspekt kommt es nämlich keineswegs auf die Harmonisierung der Steuersätze sondern der Verzerrungsfaktoren an. Völlig harmonisierte Steuersätze sind lediglich geboten, wenn

$$g_i'(x) : f_i'(x) = g_a'(x) : f_a'(x)$$

ist[74].

Eine Verzerrung des internationalen Handels bei übereinstimmenden Steuersätzen „tritt also offenbar nur dann nicht ein, wenn das Verhältnis der Steigungen der Angebots- und Nachfragekurven ... des besteuerten Gutes im Inland und Ausland gleich ist"[75].

Ist diese Voraussetzung nicht erfüllt, dann ist eine der Relation (3) entsprechende Differenzierung der Steuersätze geboten. Ein grundsätzliches Urteil über das Ursprungslandprinzip läßt sich jetzt nicht mehr fällen; nur sofern Bedingung (3) erfüllt ist, wirkt dieses Besteuerungsverfahren wettbewerbsneutral im zahlungsbilanzpolitischen Sinn.

Unter dem Allokationsaspekt zeigt sich zunächst, daß die Bruttopreise aller Güter für alle Konsumenten im In- und Ausland übereinstimmen. Das Handelsoptimum ist also verwirklicht, ganz gleichgültig, ob die Steuersätze übereinstimmen oder nicht. Bei identischen Steuersätzen gelten für in- und ausländische Produzenten beim Verkauf an verschiedenen Orten gleiche Nettopreise, infolgedessen muß auch das Produktionsmaximum erreicht sein. Gelten dagegen unterschiedliche Steuersätze t_i und t_a, dann differieren die Nettopreise im In- ($p_2 - t_i$) und Ausland ($p_2 - t_a$). Das Produktionsmaximum ist mithin nicht verwirklicht. Unter dem Aspekt der optimalen Faktorallokation ist demnach die Besteuerung nach dem Ursprungslandprinzip nur bei einheitlichen Sätzen wettbewerbsneutral.

Würde man im hier behandelten Fall zur Besteuerung nach dem Bestimmungslandprinzip übergehen, dann müßte zur Inlandssteuer ein

---

[72] So hält z. B. *Schmölders* (Zur Frage der steuerlichen Wettbewerbsverzerrungen..., a.a.O., S. 27) „die Anwendung der gleichen Steuern mit den gleichen Sätzen" vom Standpunkt des Wettbewerbs aus für die ideale Besteuerung in einem Gemeinsamen Markt.
[73] Vgl. *H. Riese*: Anhang zu G. Bombach: Das Problem..., a.a.O., S. 49.
[74] Diese Relation identifiziert *Riese* (a.a.O., S. 49) mit übereinstimmenden Schnittwinkeln der Angebots- und Nachfragekurven, was unzutreffend ist. Der gleiche Fehler findet sich bei G. *Bombach*: Das Problem..., a.a.O., S. 19.
[75] *H. Riese*: Anhang..., a.a.O., S. 49.

Das Bestimmungs- und Ursprungslandprinzip bei Steuern   55

Grenzausgleich in Höhe von t_i und zur Auslandssteuer ein solcher von t_a treten. Die dadurch ausgelösten Verzerrungsfaktoren betragen[76]

$$u_a = \frac{1}{1 - \frac{g_i'(x)}{f_i'(x)}} t_i - t_i = \frac{1}{\frac{f_i'(x)}{g_i'(x)} - 1} t_i$$

$$u_i = \frac{1}{1 - \frac{g_a'(x)}{f_a'(x)}} t_a - t_a = \frac{1}{\frac{f_a'(x)}{f_a'(x)} - 1} t_a$$

Infolgedessen sind die Kurve des Exportangebotes (EA_i) um u_i parallel nach unten[77] und die Kurve der Importnachfrage (IN_a) um u_a parallel nach unten zu verschieben, wie es in Fig. 5 dargestellt ist.

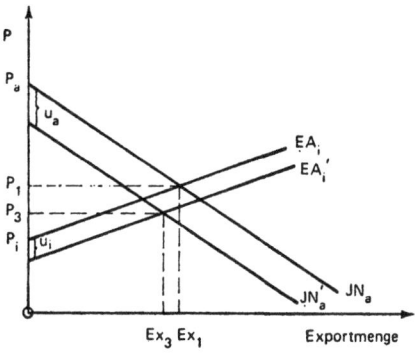

Fig. 5

Der neue Gleichgewichtspreis beträgt p_3. Hierbei handelt es sich um den Nettopreis, der für In- und Ausland gilt. Der Bruttopreis beträgt im Inland $p_3 + t_i$ und im Ausland $p_3 + t_a$.

Verzerrungsfrei im Hinblick auf die Handelsströme wirkt die Besteuerung nach dem Bestimmungslandprinzip, wenn

$$u_i = u_a$$

bzw.

(4) $$\frac{t_i}{t_a} = \frac{\frac{f_i'(x)}{g_i'(x)} - 1}{\frac{f_a'(x)}{g_a'(x)} - 1}$$

---

[76] Vgl. hierzu S. 47.
[77] Da sich für u_i und u_a in diesem Falle negative Werte ergeben, müssen sich die Kurven nach unten verschieben.

ist. Wiederum zeigt sich, daß harmonisierte Steuern diese Bedingung nur erfüllen, wenn

$$g_i'(x) : f_i'(x) = g_a'(x) : f_a'(x)$$

ist. In allen anderen Fällen kommt es zu Verzerrungen der Handelsströme, wobei nun aber nicht einmal mehr die Richtung feststeht, es kann also sowohl zur Exportförderung (Importhemmung) als auch umgekehrt zur Exporthemmung (Importförderung) kommen.

Unter dem Gesichtspunkt der optimalen Faktorallokation erhalten wir folgende Ergebnisse: Das Produktionsmaximum ist in jedem Fall verwirklicht, da die Nettopreise im In- und Ausland bei harmonisierten wie differenzierten Steuersätzen übereinstimmen. Das Handelsoptimum wiederum wird bei harmonisierten Sätzen erreicht, nicht aber bei differenzierten. Erneut läßt sich also die vollständige Steuerharmonisierung nur hinsichtlich der Faktorallokation rechtfertigen.

Damit ergibt sich jedoch, daß auch im Fall der speziellen Steuer im In- und Ausland kein Kriterium gefunden werden kann, das ein eindeutiges Urteil zugunsten des Bestimmungs- oder Ursprungslandprinzips erlaubt. Was die Verzerrung der Handelsströme angeht, so *können* beide Systeme neutral sein, wenn die Bedingung (3) bzw. (4) erfüllt ist. Unter dem Aspekt der optimalen Faktorallokation sind beide Besteuerungsverfahren im Falle der vollständigen Harmonisierung wettbewerbsneutral, ansonsten dagegen führen beide zu unvermeidlichen Wohlstandsverlusten.

VII.

Nun wollen wir unsere Prämisse aufgeben, wonach lediglich ein Gut besteuert wird. Stattdessen wird angenommen, daß sämtliche im Inland produzierten Güter einer Produktionssteuer ohne Grenzausgleich unterliegen. Dabei möge es sich um eine Wertsteuer auf die Kosten handeln. Für ein einzelnes Gut j gelte der Steuersatz r_{ij} (in Bruchform)[78]. Wir wollen unterstellen, daß die Nachfrage auf den einzelnen Gütermärkten durch die Steuererhebung und die Verwendung der Steuereinnahmen nicht verändert wird. Für diesen Fall erhalten wir auf den einzelnen Märkten Verzerrungsfaktoren in Höhe von[79]

---

[78] Sofern die Steuer auf den Verkaufserlös erhoben wird, müssen wir von einem Steuersatz r'_{ij} ausgehen. Beide Abgaben (r_{ij} und r'_{ij}) stimmen überein, wenn die Beziehung $r_{ij} = r'_{ij} : (1 - r'_{ij})$ erfüllt ist. Vgl. dazu R. A. *Musgrave*: Finanztheorie, a.a.O., S. 271. — Der Index j bezieht sich auf das j-te Gut.

[79] Auf die Herleitung dieser Relation kann verzichtet werden, da es sich um eine bekannte Formel für die Überwälzung einer Wertsteuer auf die Kosten bei vollständiger Konkurrenz handelt. Vgl. zu den Einzelheiten R. A. *Musgrave*: Finanztheorie, a.a.O., S. 268 ff.

$$u_{ij} = \frac{1}{1 - (1 + r_{ij}) \dfrac{g_{ij}'(x)}{f_{ij}'(x)}} p_{ij} r_{ij} \qquad (j = 1, 2, \ldots n)$$

Die Bruttopreise sämtlicher Güter steigen, die exportierten Mengen sinken und die Importmengen nehmen zu. Gleichzeitig wächst der Importwert und — bei hinreichender Elastizität der ausländischen Importnachfrage — sinkt der Exportwert. Die Zahlungsbilanz weist also ein Defizit aus[80], dessen Ausgleich eine einmalige Wechselkursanpassung, hier eine Abwertung, erfordert[81]. Sofern der Abwertungssatz a dem gewogenen arithmetischen Mittel der Verzerrungsfaktoren auf den einzelnen Märkten entspricht, wird das Gleichgewicht am Devisenmarkt wieder erreicht, die Zahlungsbilanz (ausgedrückt in ausländischer Währung) ist auf dem ursprünglichen Niveau ausgeglichen. Export- und Importvolumen haben sich — verglichen mit der Situation vor Besteuerung — nicht verändert. Bei diesen Überlegungen handelt es sich um das bekannte Wechselkursargument[82].

Auf welchem Niveau der neue Wechselkurs fixiert werden muß, hängt offenbar nicht — wie oft behauptet — ausschließlich von den Steuersätzen ab, sondern darüber hinaus auch von den Angebots-/Nachfrageverhältnissen[83] eines jeden Gutes, das international gehandelt wird[84]. Entscheidend sind demnach allein die Verzerrungsfaktoren. Zu beachten ist auch, daß lediglich das Niveau der Zahlungsbilanz erhalten bleibt, nicht aber ihre Struktur[85]. Auf allen Märkten, für die $u_{ij} > a$ gilt, kann die Wechselkursänderung die ursprünglich ausgelösten Verzerrungen nicht voll ausgleichen. Auf Märkten mit $u_{ij} < a$ dagegen wird die zunächst von der Steuer hervorgerufene Exportreduktion und Importausweitung durch die Abwertung sogar überkompensiert, so daß im Endeffekt der Export gestiegen, der Import aber gesunken ist. Die exporthemmende und importfördernde Wirkung der Besteuerung nach dem Ursprungslandprinzip verbleibt demnach nur für die Güter mit

---

[80] Wir unterstellen, daß die Zahlungsbilanz vor Besteuerung ausgeglichen war und daß sie auf Wechselkursänderungen normal reagiert. Von Kapitalbewegungen wird abgesehen.
[81] Natürlich könnte man in diesem Fall auch davon ausgehen, daß der Zahlungsbilanzausgleich über den Einkommens- und/oder Preismechanismus zustandekommt. Am Grundsätzlichen ändert sich dadurch nichts.
[82] Vgl. dazu vor allem Europäische Gemeinschaft für Kohle und Stahl, Hohe Behörde: Bericht über die durch die Umsatzsteuer aufgeworfenen Probleme auf dem Gemeinsamen Markt (Tinbergen-Bericht), verfaßt von dem gemäß Beschluß der Hohen Behörde Nr. 1/53 vom 5. März 1953 gebildeten Sachverständigenausschuß, S. 24.
[83] Es kommt dabei sowohl auf die Steigungen als auch auf die absoluten Glieder der entsprechenden Funktionen an.
[84] Vgl. *H. Riese*: Anhang..., a.a.O., S. 61.
[85] Vgl. *G. Bombach*: Das Problem..., a.a.O., S. 25.

überdurchschnittlich hohen Verzerrungsfaktoren erhalten und zwar in dem Ausmaß, in dem diese über dem Abwertungssatz liegen[86]. Bei Gütern mit unterdurchschnittlichen Verzerrungsfaktoren dagegen kommt es sogar zur umgekehrten Wirkung. Schließlich wird die steuerlich bedingte Verzerrung auf den Märkten, für die $u_{ij} = a$ gilt, durch die Abwertung gerade ausgeglichen. Die in der Literatur vertretene These[87], daß die Entzerrung des Außenhandels durch Wechselkursänderungen stets nur dann möglich sei, wenn alle Güter des Inlandes mit einem einheitlichen Steuersatz belegt werden, erweist sich damit als falsch. Das Ursprungslandprinzip wirkt im hier betrachteten Fall nur verzerrungsfrei, wenn die Verzerrungsfaktoren für alle Güter identisch sind.

Daran ändert sich auch nichts, wenn das Inland zur Besteuerung nach dem Bestimmungslandprinzip übergeht, seine Produktionssteuer also mit einem Grenzausgleich in Höhe des Steuersatzes kombiniert. Lediglich die Verzerrungsfaktoren nehmen in diesem Fall andere und zwar negative Werte an[88]. Die Folge sind wachsender Export- und sinkender Importwert. Um den dadurch entstehenden Zahlungsbilanzüberschuß zu beseitigen, bedarf es einer Aufwertung der heimischen Währung um einen Satz a, der wiederum dem gewogenen arithmetischen Mittel aller Verzerrungsfaktoren entspricht. Erneut zeigt sich, daß bei unverändertem Niveau der Zahlungsbilanz die Struktur verändert wird. Lediglich auf den Märkten mit $u_{ij} = a$ bleiben die ursprünglichen Export- bzw. Importmengen erhalten. Die Entscheidung zugunsten des Bestimmungslandprinzips oder Ursprungslandprinzips schlägt sich in der Höhe des Wechselkurses nieder. Eine Entzerrung des Außenhandels gelingt bei beiden Besteuerungsverfahren nur, wenn die Verzerrungsfaktoren auf allen Märkten übereinstimmen[89].

Die Wirkungen auf Handelsoptimum und Produktionsmaximum lassen sich in Analogie zu den früheren Überlegungen wie folgt ermitteln: Bei Anwendung des Ursprungslandprinzips ergeben sich für alle Güter nach Besteuerung Bruttopreise (p_{4j})[90], die für In- und Ausland gleicher-

---

[86] Vgl. hierzu die Wirkungen eines Systems differenzierter Zölle bei *F. W. Meyer*: Zur wirtschaftspolitischen Lage in der BRD, in: ORDO, Jahrbuch für die Ordnung von Wirtschaft und Gesellschaft, 7. Bd. (1955), S. XXII ff.
[87] Vgl. *Tinbergen*-Bericht, a.a.O., S. 24; *R. Regul*: Wirtschaftsintegration und Steuersystem, in: Finanzarchiv, N. F., Bd. 16 (1955/56), S. 324; *H. Giersch*: Zur Frage der Anwendung..., a.a.O., S. 18; *K. Schmidt*: Zur volkswirtschaftlichen Problematik..., a.a.O., S. 40 ff.; ders.: Zur Koordination..., a.a.O, S. 433 f.: *M. D. Schulte*: Die wirtschaftspolitischen Grundlagen..., a.a.O., S. 12 f. (Englische Fassung: M. D. Schulte: The Economic Theory..., a.a.O., S. 227 f.).
[88] Vgl. oben S. 47.
[89] Vgl. *H. Riese*: Anhang..., a.a.O., S. 63.
[90] Zur Unterscheidung von den bisher gebrauchten Symbolen versehen wir den Preis hier mit dem Index 4.

maßen gelten. Das Handelsoptimum muß infolgedessen verwirklicht sein. Im Inland beträgt der Nettopreis $p_{4j}(1-r'_{ij})$ [91] und im Ausland p_{4j}, da dort keine Steuer erhoben wird. Für die Verwirklichung des Produktionsmaximums kommt es nun aber darauf an, daß das Verhältnis der Nettopreise zweier beliebiger Güter für alle Produzenten im In- und Ausland übereinstimmt. Diese Bedingung ist erfüllt, wenn das Inland auf sämtliche Güter eine Steuer mit einheitlichem Satz (r_{ij}) erhebt. Für diesen Fall ist die Besteuerung unter dem Allokationsaspekt neutral. Differenzierte Sätze dagegen kollidieren mit dem Produktionsmaximum.

Umgekehrt zeigt sich für das Bestimmungslandprinzip, daß wegen der Übereinstimmung der Nettopreise im In- und Ausland das Produktionsmaximum stets verwirklicht ist. Das Handelsoptimum dagegen ist nur bei einheitlichen Steuersätzen für alle Güter erreicht, weil nur für diesen Fall die früher aufgestellte Bedingung (a) [92] erfüllt ist. Beide Besteuerungsverfahren sind also nur bei einheitlichen Steuersätzen im Inland wettbewerbsneutral.

Die vorangegangenen Überlegungen gelten grundsätzlich auch für den Fall, daß In- und Ausland generelle Steuern (r_{ij} bzw. r_{aj}) erheben. Verzerrungsfrei im Hinblick auf die Handelsströme wirken Bestimmungs- und Ursprungslandprinzip, wenn die durchschnittlichen Verzerrungsfaktoren beider Länder übereinstimmen. Ist das nicht der Fall, so muß das Inland[93] zum Ausgleich der Zahlungsbilanz in Höhe der Differenz der durchschnittlichen Verzerrungsfaktoren auf- oder abwerten, je nachdem welcher Verzerrungsfaktor größer ist. Entzerrt wird der Außenhandel für Märkte, für die die Differenz der Verzerrungsfaktoren dem Auf- bzw. Abwertungssatz entspricht. Handelsoptimum und Produktionsmaximum sind in diesem Fall — wie sich leicht zeigen läßt — nur verwirklicht, wenn sowohl das In- als auch das Ausland sämtliche Güter mit einem einheitlichen Steuersatz belegen, wobei dieser aber nicht für beide Länder gleich sein muß.

VIII.

Unsere Überlegungen haben gezeigt, daß sich die am Außenhandel beteiligten Länder auf ein einheitliches Besteuerungsverfahren einigen müssen, sofern Steuerfreiheit und Doppelbesteuerung[94] des internatio-

---

[91] Vgl. Fußnote 78.
[92] Vgl. oben S. 45.
[93] Natürlich könnte man auch unterstellen, daß das Ausland die notwendige Wechselkursänderung teils oder ganz übernimmt.
[94] Zu den mit Steuerfreiheit und Doppelbesteuerung verbundenen Wettbewerbsverzerrungen vgl. *R. Peffekoven:* Zur Theorie des Steuerlastexports, Habilitationsschrift, erscheint demnächst.

nalen Warenverkehrs vermieden werden sollen. Ob dabei dem Bestimmungs- oder dem Ursprungslandprinzip der Vorzug zu geben ist, läßt sich anhand der hier untersuchten Modelle nicht eindeutig entscheiden. Was die Verzerrung der Handelsströme angeht, so wirken beide Prinzipien — abgesehen von einigen Grenzfällen — nicht neutral. Daß man sich in den internationalen Verträgen dennoch für das Bestimmungslandprinzip entschieden hat, mag in der Tat zunächst einmal darauf zurückzuführen sein, daß man — merkantilistischem Gedankengut verhaftet — die exportfördernden (importhemmenden) Wirkungen dieses Besteuerungsverfahrens verglichen mit den exporthemmenden (importfördernden) Effekten des Ursprungslandprinzips bevorzugt hat[95]. Dabei hat man freilich den entgegengesetzt wirkenden Prozeß des Zahlungsbilanzausgleichs vernachlässigt. Die eigentliche Begründung für die Bevorzugung des Bestimmungslandprinzips scheint mir jedoch eher in einem theoretischen Argument zu liegen, daß nämlich Verzerrungsfaktor und Steuersatz stets identisch seien oder — was das gleiche bedeutet — daß die Steuern im steuererhebenden Land voll überwälzt werden[96]. In diesem Fall würde die Besteuerung nach dem Bestimmungslandprinzip die Handelsströme unverändert lassen. Voraussetzung dafür ist aber, daß im In- und Ausland das Angebot völlig elastisch oder die Nachfrage völlig unelastisch verläuft; das wird man jedoch — zumal für sämtliche Güter — nicht unterstellen dürfen. Das positive Urteil über das Bestimmungslandprinzip resultiert insofern aus der Verallgemeinerung eines Grenzfalles[97].

Unter dem Aspekt der optimalen Faktorallokation zeigt sich zunächst, daß — worauf vor allem Möller[98], Sievert[99] und W. Meyer[100] hingewiesen haben — für die Frage der Wettbewerbsverzerrungen tatsächlich allein die nominellen Steuersätze eine Rolle spielen, der Verlauf der Angebots- und Nachfragekurven der besteuerten Güter dagegen und damit die Preiswirkungen der Besteuerung sind irrelevant. Ein Kriterium, anhand dessen man die Kontroverse Bestimmungs- versus Ursprungslandprinzip entscheiden könnte, läßt sich aber auch für diesen Fall nicht finden. Je nach der Art der erhobenen Steuern sind entweder *beide* Verfahren wettbewerbsneutral oder aber *beide* führen zu Wettbewerbsverzerrungen.

Nun sind wir bei der Herleitung dieses Ergebnisses zweifellos von restriktiven Prämissen ausgegangen. Das war notwendig, um eine Auseinandersetzung mit den in der Literatur vorgetragenen Argumen-

---

[95] Vgl. *G. Bombach:* Das Problem..., a.a.O., S. 9.
[96] Abgestellt wird hier wiederum auf die Überwälzung im isolierten Zustand.
[97] Vgl. *G. Bombach:* Das Problem,..., a.a.O., S. 17 ff.
[98] *H. Möller:* Ursprungs- und Bestimmungslandprinzip, a.a.O., S. 409 ff.
[99] *O. Sievert:* Außenwirtschaftliche Probleme..., a.a.O., S. 18 ff.
[100] *W. Meyer:* Wettbewerbsverzerrungen..., a.a.O., S. 97 ff.

ten zu ermöglichen. Die allokationspolitischen Überlegungen gehen von der Annahme aus, daß vor Besteuerung ein Pareto-Optimum verwirklicht ist. Das dürfte in der Realität so gut wie nie der Fall sein, so daß bei einem Vergleich der beiden Besteuerungsverfahren unter Allokationsaspekt in praxi stets suboptimale Situationen zu vergleichen sind. Wie wir aus der Theorie des second best wissen[101], ist für diesen Fall eine Entscheidung zugunsten des Bestimmungs- oder des Ursprungslandprinzips unter dem Gesichtspunkt der optimalen Faktorallokation gar nicht möglich. Mehr Bedeutung dürfte dagegen dem zahlungsbilanzpolitischen Argument zukommen. Allerdings müßten in diesem Zusammenhang u. a. noch folgende Punkte berücksichtigt werden:

Sofern mehrere oder gar alle Güter besteuert werden, kann man die Verwendung der Steuereinnahmen nicht unberücksichtigt lassen. Dabei ist auch zu beachten, daß die Höhe des Steueraufkommens selbst von der Entscheidung zugunsten des Bestimmungs- oder des Ursprungslandprinzips abhängt. Wenn die Erhebung der Steuern und die Verausgabung der Steuereinnahmen zu Nachfrageverschiebungen auf den einzelnen Märkten führen, so schlägt sich das in einer Veränderung der Verzerrungsfaktoren nieder. Die Verausgabung der Staatseinnahmen könnte mithin in unsere Überlegungen einbezogen werden, ohne am Grundsätzlichen etwas zu ändern. Das gleiche gilt für die Berücksichtigung direkter Steuern. Sofern sie überwälzt werden, lösen sie ebenfalls Verzerrungen auf den Gütermärkten aus, was in entsprechenden Verzerrungsfaktoren zum Ausdruck kommen würde.

Wichtiger ist in diesem Zusammenhang ein anderes Problem: Die derzeit gültigen Regeln des GATT-Abkommens und EWG-Vertrages erlauben für die indirekten Steuern den Steuerausgleich, während sie ihn für die direkten Steuern verbieten. Diese Regelung geht offenbar auf die Vorstellung zurück, die direkten Steuern seien nicht überwälzbar. Wenn das jedoch nicht der Fall ist, die direkten Steuern also auch — wenigstens zum Teil — überwälzt werden, entsteht unter Zahlungsbilanzaspekt kurzfristig[102] für die Länder ein Wettbewerbsnachteil, die sich bei der Besteuerung relativ stark auf die direkten Steuern stützen. Der Hinweis, diese Verzerrungen würden langfristig durch den Prozeß des Zahlungsbilanzausgleichs beseitigt, ist nur unter der Voraussetzung richtig, daß die Mechanismen des Zahlungsbilanzausgleichs in vollem Umfang wirksam sind oder aber die oben beschriebenen Wechselkursänderungen auch tatsächlich vorgenommen werden[103]. Davon kann im

---

[101] Vgl. K. *Lancaster* — R. G. *Lipsey*: The General Theory of Second Best, in: Review of Economic Studies, Vol. 24 (1956/57), S. 11 ff.
[102] Die kurzfristige Betrachtung erstreckt sich auf den Zeitraum, in dem der Prozeß des Zahlungsbilanzausgleichs noch nicht zum Tragen kommt.
[103] Vgl. zu diesem Problem: H. *Johnson* — M. *Krauss*: Border Tax Adjustments..., a.a.O., S. 595 ff.

derzeitigen Währungssystem nach aller Erfahrung keine Rede sein. Bei unterschiedlicher Relation zwischen direkten und indirekten Steuern kann es deshalb auch für längere Zeit zu Wettbewerbsverzerrungen kommen. Da dieses Verhältnis von Land zu Land schwankt und eine weitgehende Angleichung derzeit kaum zu erwarten ist, müßte man sich zur Vermeidung von Wettbewerbsverzerrungen auf eine einheitliche Behandlung beider Steuerarten im Außenhandel einigen. Das könnte schon aus technischen Gründen wohl nur der Übergang zum Ursprungslandprinzip bei den indirekten Steuern sein.

Schließlich wäre zu überlegen, ob sich aus den Zielen des EWG-Vertrages eine Entscheidung zugunsten eines der Besteuerungsverfahren herleiten läßt. Das Ursprungslandprinzip ist zweifellos technisch einfacher zu handhaben und bedarf vor allem nicht des Grenzausgleichs und der dazu notwendigen Steuergrenzen. Das ist sicher ein kaum zu unterschätzender Vorteil, zumal der Steuerausgleich an der Grenze in der derzeitigen Ausgestaltung — wie oben gezeigt — nicht zu rechtfertigen ist. Außerdem ermöglicht er protektionistische Eingriffe und hat in der Vergangenheit der Steuerhinterziehung und der Erschleichung von Exportsubventionen Tür und Tor geöffnet.

Die Abschaffung des Steuerausgleichs ist deshalb in jedem Fall zu befürworten. Dieses Argument gewinnt im Rahmen der EWG noch an Bedeutung; denn die dort angestrebten binnenmarktähnlichen Verhältnisse verlangen zweifellos auch die Beseitigung der Steuergrenzen[104].

Insoweit wäre also für den Übergang zum Ursprungslandprinzip zu plädieren. Dieser Vorschlag findet bei der Diskussion um ein geeignetes Besteuerungsverfahren für die EWG auch weitgehend Zustimmung, allerdings glaubt man, zur Vermeidung von Wettbewerbsverzerrungen zuvor die nationalen Steuern, insbesondere auch die Steuersätze, harmonisieren zu müssen. Im Hinblick auf die Verzerrung der Handelsströme ist diese Position nicht zu halten, da die Wahrscheinlichkeit, daß diese Besteuerung neutral wirkt, bei harmonisierten Sätzen nicht größer ist als bei differenzierten. Ein eindeutiges Votum zugunsten der Steuerharmonisierung ist unter dem Allokationsaspekt — abgesehen vom Fall genereller Steuern — möglich, beruht allerdings auf äußerst restriktiven Prämissen. Berücksichtigt man demgegenüber die enormen politischen, psychologischen und budgetären Schwierigkeiten, die sich einer vollständgen Steuerharmonisierung in den einzelnen Ländern entgegenstellen, so scheint mir dieser Weg kaum begehbar zu sein. Deshalb könnte man dafür plädieren, auch beim Übergang zum Ursprungslandprinzip die Autonomie über die Fixierung der Steuersätze den einzelnen Ländern zu belassen. Sollten sich dabei für unerträglich

---

[104] Vgl. Bericht des Steuer- und Finanzausschusses, a.a.O., S. 77 ff.

gehaltene Wettbewerbsverzerrungen zeigen, so könnte dem jedes Land durch eine Anpassung seiner Steuersätze an die der Handelspartner begegnen. Für dieses Verfahren spricht — worauf bereits Schmidt[105] hingewiesen hat — zunächst, daß jedes Land evtl. auftretende Wettbewerbsverzerrungen selbst am besten feststellen und dann unter Berücksichtigung der übrigen Ziele der Besteuerung entscheiden kann, ob und gegebenenfalls wie es darauf reagieren will. Außerdem hat diese freiwillige Harmonisierung den nicht zu unterschätzenden Vorteil, politisch realisierbar zu sein.

Anhang

Herleitung der Formel (2), Seite 43:

Wir gehen von linearen Angebots- und Nachfragekurven im In- und Ausland aus.

Nachfrage im Inland	(N_i):	$p = f_i(x)$	bzw. $x = m_i(p)$
Angebot im Inland	(A_i):	$p = g_i(x)$	bzw. $x = n_i(p)$
Nachfrage im Ausland	(N_a):	$p = f_a(x)$	bzw. $x = m_a(p)$
Angebot im Ausland	(A_a):	$p = g_a(x)$	bzw. $x = n_a(p)$

Vor Besteuerung gilt der Preis p_1, der sich wie folgt ergibt:

(a) $\qquad m_i(p_1) + m_a(p_1) - n_i(p_1) - n_a(p_1) = 0$

Nach Besteuerung erhält man die verschobene Angebotskurve des Inlandes mit

$$A_i' : p = g_i(x) + t \quad \text{bzw.} \quad x = n_i(p) - t n_i'(p)$$

Der neue Preis p_2 muß also die Bedingung erfüllen

(b) $\qquad m_i(p_2) + m_a(p_2) - n_i(p_2) + t n_i'(p) - n_a(p_2) = 0$

Da $p_2 = p_1 + \Delta p_0$ ist, kann man auch schreiben

(c) $\quad m_i(p_1 + \Delta p_0) + m_a(p_1 + \Delta p_0) - n_i(p_1 + \Delta p_0) + t n_i'(p)$
$$- n_a(p_1 + \Delta p_0) = 0$$

Berücksichtigt man nun, daß bei linearen Kurven

$$\varphi(p + \Delta p) = \varphi(p) + \Delta p \, \varphi'(p)$$

---

[105] Vgl. K. Schmidt: Zur Koordination..., a.a.O., S. 463 ff.

ist und beachtet man außerdem (a), so reduziert sich (c) auf

(d) $\quad \Delta p_0 m_i'(p) + \Delta p_0 m_i'(p) - \Delta p_0 n_i'(p) + t n_i'(p) - \Delta p_0 n_a'(p) = 0$

bzw.

$$\Delta p_0 = \frac{n_i'(p)}{n_i'(p) + n_a'(p) - m_i'(p) - m_a'(p)} t$$

Außerdem gilt

$$g_i'(x) = \frac{1}{n_i'(p)} \; ; \; g_a'(x) = \frac{1}{n_a'(p)}$$

$$f_i'(x) = \frac{1}{m_i'(p)} \; ; \; f_a'(x) = \frac{1}{m_a'(p)}$$

Setzt man diese Beziehungen in (d) ein, so erhält man

$$\Delta p_0 = \frac{1}{1 - \frac{g_i'(x)}{f_i'(x)} + \frac{g_i'(x)}{g_a'(x)} - \frac{g_i'(x)}{f_a'(x)}} t \; .$$

Summary

As a method for the taxation of international trade may be used either the destination principle (DP) or the origin principle (OP). The discussion as to which procedure is to be employed for levying the taxes can be decided only after having first considered the demands to be made on taxation in international trade. In literature it is generally held that there must not be any distortions of competition in foreign trade due to taxation. The term "distortions of competition" is however given a differing interpretation. On the one hand, a taxation system is deemed neutral as regards the effect on competition if it leaves foreign trade — as compared with the tax-free situation — unchanged in respect of its level and structure (balance of payments aspect). On the other hand, the taxation is considered as not affecting competition if it does not entail any deviations from Pareto's optimum (allocation aspect). The author discusses how DP and OP have to be assessed under these two aspects. Under the balance of payments aspects, neither of the two procedures seems to be neutral. And under the allocation aspect it is not possible to find a valid criterion permitting to settle the controversy DP versus OP. As, from a technical point of view, the OP can be employed more easily — there is no need for border tax adjustments — it is suggested to change over to the OP.

Spezielle Steuern als Mittel zur Beeinflussung der Handels- und Kapitalbilanz

Von *Jürgen Pahlke*, Bochum

1. Steuerliche Maßnahmen zur Beeinflussung der Zahlungsbilanzsituation sind in den letzten Jahren in verschiedenen Ländern ergriffen worden. Besondere Beachtung haben die Zinsausgleichsteuer (Interest Equalization Tax, IET) der USA, die sog. Kuponsteuer und die steuerlichen Maßnahmen zur außenwirtschaftlichen Absicherung in der Bundesrepublik gefunden. Es sind dies steuerpolitische Eingriffe von Ländern, die zu den wichtigsten Weltwirtschaftsnationen zählen und in besonderem Maße dem System der grundsätzlich fixierten Wechselkurse verpflichtet waren oder sich ihm jedenfalls verpflichtet fühlten, die USA als Leitwährungsland, die Bundesrepublik als IWF- und (vor allem) als EWG-Mitglied.

Im Zusammenhang damit stellt sich die Frage, ob und inwieweit das Instrumentarium der Besteuerung geeignet ist, zur Lösung von Zahlungsbilanzproblemen in diesem Weltwährungssystem beizutragen, bzw. — ins Theoretische gewendet — welche Wirkungen auf die Zahlungsbilanz von alternativen steuerlichen Maßnahmen ausgehen.

2. Als Ziel der Zahlungsbilanzpolitik (der außenwirtschaftlichen Stabilitätspolitik) wird allgemein der Ausgleich — oder das Gleichgewicht — der Zahlungsbilanz angesehen. Dieses Ziel ist auch in internationalen Verträgen, z. B. dem EWG-Vertrag (Art. 104), und nationalen Gesetzen, wie dem deutschen Stabilitätsgesetz (§ 1), festgelegt. Sein Inhalt ist indessen nicht genau bestimmt und umstritten (z. B. Ausgleich der Devisenbilanz oder der Grundbilanz oder der autonomen Posten oder der Leistungsbilanz). Im übrigen kann die Wirtschaftspolitik im Hinblick auf die Zahlungsbilanzsituation jedenfalls kurzfristig auch andere Ziele als den Ausgleich bzw. die Verringerung von Ungleichgewichten der Zahlungsbilanz verfolgen.

Eine nähere Auseinandersetzung mit den Zielen der Zahlungsbilanzpolitik erübrigt sich, wenn man die Wirkungen wirtschaftspolitischer Maßnahmen auf die Zahlungsbilanz untersucht und sie nicht an einem irgendwie bestimmten Zahlungsbilanzgleichgewicht mißt, sondern lediglich Aussagen über tendenziell aktivierende bzw. passivierende Effekte trifft. Tendenziell aktivierende Wirkungen sind gegeben, wenn ein

Zahlungsbilanzdefizit vermindert, ausgeglichen oder in einen Überschuß verwandelt wird bzw. wenn ein Überschuß vergrößert wird; passivierende Effekte liegen vor, wenn ein Überschuß verringert, kompensiert oder überkompensiert bzw. ein Defizit verstärkt wird. Entsprechendes gilt für die einzelnen Komponenten der Zahlungsbilanz (Teilbilanzen)[1].

3. Die Zahlungsbilanz kann durch steuerliche Maßnahmen verschiedenster Art beeinflußt werden. In diesem Referat sind nur *spezielle* Steuern zu behandeln. Die Abgrenzung zwischen allgemeinen und speziellen Steuern ist problematisch. Sie soll hier pragmatisch vorgenommen werden. Zu den *speziellen* Steuern werden Steuern gerechnet, die primär Preise, Kosten oder Erträge *bestimmter* Güter (Gütergruppen, Faktoren, Kapitalanlagen usw.) verändern und vorwiegend über diese Preis-, Kosten- oder Ertragsveränderungen die Zahlungsbilanz beeinflussen — Steuern, deren relevante Wirkungen sich theoretisch mit den Mitteln der Partialanalyse adäquat darstellen lassen. Als *allgemein* werden Steuern angesehen, wenn sie primär über Veränderungen *gesamtwirtschaftlicher* Größen wie Volkseinkommen und Nachfrage auf die Zahlungsbilanz wirken und zur Untersuchung ihrer Effekte die Totalanalyse, vor allem die Kreislaufanalyse, angemessener ist.

Als spezielle Steuern haben demnach insbesondere Steuern auf einzelne Güter, auf den Import, den Export, den Kapitalexport bzw. -import (oder Teile davon) und auf bestimmte Kapitalerträge zu gelten. Allgemeine Steuern sind insbesondere die „allgemeine" Einkommensteuer und die „allgemeine" Verbrauchsteuer, die Umsatzsteuer. Spezielle steuerliche Maßnahmen, die im Rahmen dieser allgemeinen Steuern ergriffen werden (vor allem Präferenzen oder Diskriminierungen) und bestimmte Güter (-gruppen usw.) treffen — z. B. Importe oder Kapitalexporte —, sind jedoch der Thematik der speziellen Steuern zuzurechnen. Der Übergang vom „Speziellen" zum „Allgemeinen" ist fließend, die Anwendung, jedenfalls die ausschließliche Anwendung, der Partialanalyse in manchen Fällen nicht unbedenklich.

4. Grundsätzlich gebietet das Thema die Beschränkung auf Steuern bzw. steuerliche Maßnahmen zur Beeinflussung der Zahlungsbilanz. Wegen der engen Verwandtschaft zwischen Steuern und Transferzahlungen werden gelegentlich auch Subventionen erwähnt. Die Wirkungen von Steuern und Subventionen sind vielfach genau entgegengesetzt bzw., wenn man einerseits Steuerbegünstigungen („indirekte Subventionen"), andererseits direkte Subventionen ins Auge faßt (oder Steuererhöhungen und Senkungen von Transferausgaben), gleichartig.

---

[1] Dabei wird unterstellt, daß unabhängig von der Definition des Zahlungsbilanzausgleichs die Begriffe „Defizit" und „Überschuß" (sowie „passiv" und „aktiv") formal — nicht materiell — gleich gedeutet werden, d. h. daß Übereinstimmung über die formalen Regeln der Zahlungsbilanzdoppik herrscht.

5. Steuerliche Maßnahmen zur Beeinflussung der Zahlungsbilanz haben regelmäßig Nebenwirkungen, die jedenfalls insoweit zu beachten sind, als sie die Realisierung anerkannter wirtschaftspolitischer Zielsetzungen gefährden.

An erster Stelle wären das Ziel der binnenwirtschaftlichen Stabilität bzw. die Ziele Vollbeschäftigung und Preisniveaustabilität zu nennen. Sie bilden zusammen mit dem Zahlungsbilanzausgleich das bekannte magische Dreieck wirtschaftspolitischer Zielsetzungen. Dies impliziert von vornherein Konfliktverdacht. Es kann jedoch davon ausgegangen werden, daß in praxi dieser — mögliche — Zielkonflikt hier kaum eine Rolle spielt und daher vernachlässigt werden darf. Wie die Erfahrung zeigt, werden gewöhnlich spezielle steuerliche Maßnahmen zur Beeinflussung der Zahlungsbilanz nur dann erwogen und ergriffen, wenn die erstrebte Änderung der Zahlungsbilanzsituation zugleich binnenwirtschaftlich (stabilitätspolitisch) erwünschte Effekte verspricht.

Verteilungspolitische Zielsetzungen sind in Verbindung mit den hier zu untersuchenden steuerlichen Maßnahmen im allgemeinen kaum relevant, da zwischen speziellen Steuern und funktionaler sowie personeller Verteilung in aller Regel kein enger Zusammenhang besteht. Allerdings kann die Verteilung insbesondere des Einkommens insofern beeinflußt werden, als bestimmte Branchen durch spezielle steuerliche Maßnahmen in stärkerem Maße getroffen werden als andere. Dies wird jedoch weniger unter distributiven Aspekten gesehen, sondern vor allem als Verstoß gegen das wirtschaftspolitische Ziel und das Steuerprinzip der Wettbewerbsneutralität.

Da spezielle Steuern, ihrem Wesen entsprechend, bestimmte Güter oder Faktoren generell oder in bestimmten Verwendungen diskriminieren bzw. begünstigen und damit die Allokation beeinflussen, gelten sie vielfach als „wettbewerbsverzerrend"[2]. Sie sind gewöhnlich zu den — in der Terminologie Neumarks[3] — dirigistischen Maßnahmen zu rechnen. Streng genommen ließe sich ein wettbewerbsverzerrender Effekt jedoch nur dann ohne Vorbehalt behaupten, wenn ohne die spezielle Steuer keinerlei Wettbewerbsverzerrungen bestünden (wohlfahrtstheoretisch formuliert: wenn ein paretianisches Optimum verwirklicht wäre) — eine Voraussetzung, die in der Realität nie erfüllt ist. Andererseits kann auch eine mögliche „entzerrende" (zum Optimum hinführende) Wirkung einer speziellen Steuer generell nicht bewiesen werden. Daraus folgt, daß gegenüber wertenden Argumenten, die auf

---
[2] Vgl. hierzu die Ausführungen von *Rolf Peffekoven* in seinem Beitrag „Das Bestimmungs- und Ursprungslandprinzip bei Steuern im grenzüberschreitenden Verkehr", S. 33 ff.
[3] Vgl. *Fritz Neumark*, Interventionistische und dirigistische Steuerpolitik, in: Wirtschafts- und Finanzprobleme des Interventionsstaates, Tübingen 1961, S. 281 f.

der Feststellung von Wettbewerbsverzerrungen (oder „-entzerrungen") basieren, Bedenken angebracht sind, zumal in praxi häufig spezielle Interessen hinter solchen Argumenten stehen. Dies schließt nicht aus, daß in bezug auf bestimmte konkurrierende bzw. substitutive Güter (Kapitalanlagen usw.) diskriminierende bzw. begünstigende Effekte spezieller Steuern konstatiert werden können.

6. Die Anwendbarkeit außenwirtschaftlicher, insbesondere auch der hier relevanten steuerlichen Maßnahmen wird in der Realität durch internationale vertragliche Vereinbarungen (IMF, GATT, EWG) erheblich beschränkt. Hervorzuheben ist, daß generell diese Restriktionen für Eingriffe, die den Handelsverkehr betreffen, stringenter sind als für solche, die sich auf den Kapitalverkehr richten, und für „aktivierende" Maßnahmen stringenter als für „passivierende". Im Zusammenhang hiermit ist auch der Tatbestand zu sehen, daß ein Staat, der zahlungsbilanzpolitische Maßnahmen ergreift, mit Gegenmaßnahmen anderer Staaten rechnen muß, die den erstrebten Erfolg der eigenen Zahlungsbilanzpolitik durchkreuzen oder jedenfalls in Frage stellen können[4]. Wiederum sind erfahrungsgemäß bei „aktivierenden" Maßnahmen im allgemeinen stärkere Widerstände des Auslandes zu erwarten als bei „passivierenden". Für theoretische Untersuchungen ist bedeutsam, daß unter diesem Aspekt die Ceteris-paribus-Klausel der Partialanalyse in besonderem Maße fragwürdig wird.

7. Steuerliche Maßnahmen zur Beeinflussung der Zahlungsbilanz können grundsätzlich an allen Komponenten der Zahlungsbilanz ansetzen bzw. an allen Größen, die in die einzelnen Teilbilanzen — vor allem der sog. Grundbilanz — eingehen. Bei Ungleichgewichten in bestimmten Teilbilanzen besteht die Möglichkeit, spezielle steuerliche Maßnahmen zur Beeinflussung der Größen zu ergreifen, die in die ungleichgewichtigen Teilbilanzen eingehen; es können jedoch auch Eingriffe zur (kompensatorischen) Veränderung anderer Teilbilanzen vorgenommen werden. Maßnahmen zur Veränderung des Kapitalbilanzsaldos z. B. können mit dem Ziel eingesetzt werden, ein Ungleichgewicht der Kapitalbilanz zu beseitigen oder zu vermindern, aber auch, um einen positiven oder negativen Saldo der Leistungsbilanz zu kompensieren (unter Hinnahme eines entgegengerichteten — negativen oder positiven — Saldos der Kapitalbilanz).

8. Zur *Beeinflussung der Handelsbilanz* kann man versuchen, den Wert des Exports und/oder den Wert des Imports zu verändern.

---

[4] Hierin ist nicht nur ein quantitativer, sondern auch ein qualitativer Unterschied gegenüber binnenwirtschaftlichen steuerlichen Maßnahmen des Staates zu sehen.

Von den Bestimmungsfaktoren der Exporte und Importe lassen sich insbesondere Kosten und Preise international gehandelter Güter — bzw. die internationalen Kosten- und Preisrelationen — durch spezielle Steuern variieren. In erster Linie sind hierzu Produktsteuern, die auf bestimmten Produktions- oder Handelsstufen erhoben werden, und spezielle steuerliche Maßnahmen im Rahmen der Umsatzbesteuerung geeignet. Zolltheorie und Steuerwirkungslehre geben Auskunft über die relevanten Effekte derartiger steuerlicher Maßnahmen.

Im folgenden werden grundsätzlich nur die Maßnahmen mit passivierender Zielrichtung dargestellt. Entgegengesetzten Maßnahmen entsprechen regelmäßig entgegengesetzte (aktivierende) Effekte.

9. Steuerliche Maßnahmen zur Veränderung des Importwertes können an den Kosten (Preisen) importierter Güter und/oder an den Kosten (Preisen) gleichartiger inländischer Güter (Importsubstitutionsgüter) ansetzen. Demnach ergeben sich vor allem folgende Möglichkeiten:

a) die Senkung von Steuern auf importierte Güter und/oder die Einführung (Erhöhung) von Importsubventionen (entspricht dem Abbau von Importzöllen).

b) die Senkung von Steuern auf importierte Güter *und* gleichartige inländische Güter (Importsubstitutionsgüter).

c) die Erhöhung von Steuern auf inländische (Importsubstitutions-) Güter (indirekte Begünstigung und Förderung des Imports).

Die genannten Maßnahmen bewirken tendenziell eine absolute (a und b) bzw. relative[5] (a und c) Senkung des Inlandspreises für die betreffenden Importgüter und eine Erhöhung der inländischen Importnachfrage; daraus kann — sofern der Anteil des Inlandes an der Weltmarktnachfrage hinreichend groß ist — eine Steigerung des Weltmarktpreises dieser Güter resultieren. Der Importwert wächst, da seine beiden Komponenten — mengenmäßige Nachfrage des Inlandes und Weltmarktpreis — steigen; die Handelsbilanz wird in Richtung auf eine Passivierung verändert.

Unter Modellbedingungen, wie sie im vorangehenden Beitrag *Peffekovens*[6] dargestellt sind, wird die Importnachfragekurve des Inlandes (IN_i^0)[7] bei einer Steuersenkung für Importgüter (Fall a) um den Betrag der Steuersenkung $(t^a = t)$ nach oben verschoben (IN_i^a). Die Importmenge steigt von Im^0 auf Im^a, der Weltmarktpreis von p^0 auf p^a (Figur 1).

---
[5] Im Vergleich zum Preis der Importsubstitutionsgüter.
[6] Vgl. *Peffekoven*, S. 33 ff. Die folgenden Ausführungen knüpfen an diesen Beitrag an.
[7] Vgl. insbesondere auch Figur 1 und 2 sowie die Erläuterungen hierzu S. 42 ff.

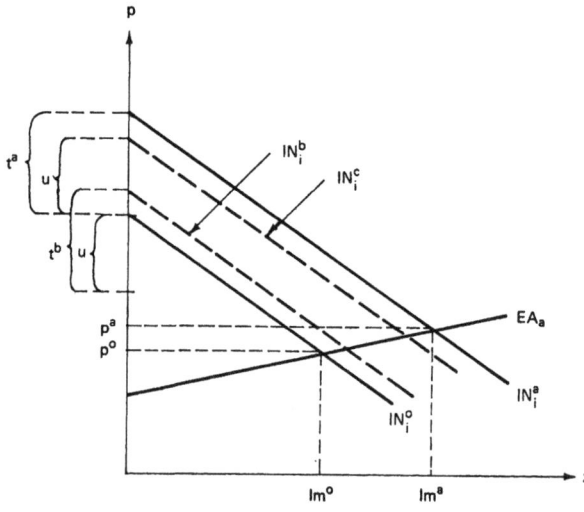

Figur 1

Eine Steuersenkung für Import- und Importsubstitutionsgüter (Fall b) kann als Kombination zweier Maßnahmen gedeutet werden: Importsubvention und Herabsetzung einer Inlandsproduktsteuer (jeweils in Höhe von t^b; es sei $t^b = t = t^a$). Die Produktsteuersenkung führt zu einer Verschiebung der inländischen Angebotskurve um t^b nach unten; daraus resultiert eine Verschiebung der Importnachfragekurve IN_i^0 um den „Verzerrungsfaktor" u nach unten. Die Importsubvention verlagert — analog zum Fall a — die inländische Importnachfragekurve um t^b nach oben. Es ergibt sich eine neue Kurve IN_i^b (gestrichelt gezeichnet), die gegenüber IN_i^0 um $(t - u)$ verschoben ist. Da $t > u > 0$, verläuft IN_i^b oberhalb IN_i^0, jedoch unterhalb IN_i^a; d. h. Preis- und Mengeneffekt sind positiv, jedoch (für $t^b = t^a$) niedriger als im Fall a.

Durch eine (erhöhte) Besteuerung inländischer Importsubstitutionsgüter (Fall c) — die Steuererhöhung betrage $t^c = t$ — wird die inländische Angebotskurve um t^c nach oben verschoben, die Importnachfragekurve IN_i^0 entsprechend um u. Die neue Importnachfragekurve des Inlandes IN_i^c liegt — wie IN_i^b — zwischen IN_i^0 und IN_i^a. Ob sie oberhalb oder unterhalb von IN_i^b verläuft (d. h. ob die Wirkung auf den Importwert im Fall c größer oder kleiner ist als im Fall b), hängt ceteris paribus von der Größe des „Verzerrungsfaktors" u und damit vom Verlauf der inländischen Angebots- und Nachfragekurven ab. Je flacher die Angebotskurve und je steiler die Nachfragekurve ist, um so größer ist (bei gegebenem t) u.

Das Ausmaß des Handelsbilanzeffektes wird in allen drei Fällen cet. par. durch die Neigungen der inländischen Importnachfrage- und der ausländischen Exportangebotskurve bestimmt (bzw. durch die Elastizitäten der Importnachfrage und des Exportangebots in bezug auf Preisänderungen im relevanten Bereich).

Je flacher cet.par. die Importnachfragekurve (je elastischer die Importnachfrage) ist, um so stärker sind die Preis- und Mengenwirkungen und damit der Handelsbilanzeffekt. Die Maßnahmen sind also um so wirksamer, je elastischer die Importnachfrage ist. Je flacher cet.par. die Exportangebotskurve des Auslands verläuft (je elastischer das ausländische Exportangebot ist), um so stärker ist der Mengeneffekt, und um so schwächer ist der Preiseffekt. Mengen- und Preiseffekt sind hier gegenläufig, der Einfluß der Elastizität des Exportangebots auf den Importwert nicht eindeutig.

Sieht man von dem Grenzfall der vollkommen unelastischen Importnachfrage ab, so ist die Gesamtwirkung der genannten importbeeinflussenden Maßnahmen stets passivierend.

Unterschiedlich sind die fiskalischen Effekte. Die beiden erstgenannten Maßnahmen beinhalten Steuersenkungen, also Einnahmeminderungen, die dritte dagegen eine Steuererhöhung und damit einen Einnahmezuwachs. Je nachdem, wie der Einnahmeausfall finanziert bzw. die Mehreinnahmen verwendet werden und wie die private Inlandsnachfrage beeinflußt wird, ergeben sich unterschiedliche Sekundäreffekte auf die Handelsbilanz (über Einkommens-, Nachfrage- und Preiswirkungen), die hier jedoch nicht näher untersucht werden sollen.

10. Zur Minderung des Exportwertes kommen in Frage (in weitgehender Analogie zu den importsteigernden Maßnahmen):

a) die Einführung bzw. Erhöhung von Steuern auf exportierte Güter (entspricht der Einführung bzw. Erhöhung von Exportzöllen);

b) die Einführung bzw. Erhöhung von Steuern auf im Inland produzierte Güter, die z. T. exportiert werden, unabhängig von ihrer inländischen oder ausländischen Verwendung;

c) die steuerliche Entlastung der inländischen Verwendung von Exportgütern. Eine solche Begünstigung scheint nicht in ähnlicher Weise realisierbar zu sein wie die steuerliche Belastung von Importsubstitutionsgütern. Dennoch ist dieser Fall keineswegs rein „akademisch". Als Beispiel läßt sich die Senkung einer inländischen Produktionssteuer anführen, die, nach dem Bestimmungslandprinzip gestaltet, über entsprechende Maßnahmen des Grenzausgleichs die Exporte steuerfrei läßt; die Senkung einer derartigen Steuer beinhaltet eine indirekte Diskriminierung des Exports (im Vergleich zur Situation vor der Steuersenkung) bzw. einen Abbau der bisherigen Diskriminierung für die inländische Verwendung der Güter.

Sämtliche genannten Maßnahmen bewirken tendenziell eine Erhöhung der Exportpreise[8] und dementsprechend eine Minderung der Exportmengen. Wegen der gegenläufigen Entwicklung von Exportpreisen und -mengen ist der Effekt auf den Exportwert nicht eindeutig.

Werden lediglich exportierte Güter einer zusätzlichen Steuer in Höhe von $t^a = t$ unterworfen, so verschiebt sich die Exportangebotskurve des Inlandes EA_i^0 um t^a nach oben (EA_i^a) (Figur 2)[9].

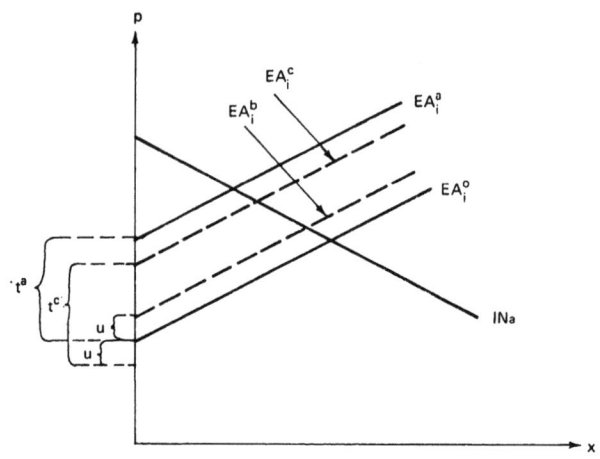

Figur 2

Eine zusätzliche Produktsteuer in Höhe von $t^b = t$, die gemäß b unabhängig von der Verwendung des Gutes im Inland oder für den Export erhoben wird, führt zu einer Verlagerung der inländischen Angebotskurve um t^b und der inländischen Exportangebotskurve um den „Verzerrungsfaktor" u nach oben (EA_i^b)[10].

Eine Maßnahme gemäß c beinhaltet zum einen die Senkung einer inländischen Produktsteuer (um $t^c = t$), zum anderen die Minderung einer Steuervergütung für den Export — den Abbau einer Export-„Begünstigung" — im gleichen Umfang. Die Steuersenkung kommt zum Ausdruck in einer Verschiebung der inländischen Angebotskurve um t^c und der Exportangebotskurve um u nach unten. Der Abbau der Exportvergütung führt zu einer Verlagerung

---

[8] Im Falle c werden die Exportpreise unmittelbar nur relativ — gegenüber den Inlandspreisen der betreffenden Güter — erhöht. Eine steuerlich bedingte Senkung der Bruttopreise im Inland führt aber zu erhöhtem Inlandsabsatz, so daß mittelbar die Nettopreise und damit die Exportpreise auch absolut steigen werden.

[9] Vgl. wiederum die Modelldarstellungen *Peffekovens*, S. 42 ff., an die auch hier angeknüpft wird.

[10] Vgl. die ausführliche Darstellung bei *Peffekoven*, Fig. 1.

der Exportangebotskurve um t^c nach oben; insgesamt wird die EA-Kurve also um $(t - u)$ nach oben verschoben (EA_i^c)[11].

Die Kurven EA_i^b und EA_i^c liegen zwischen EA_i^0 und EA_i^a; EA_i^b kann oberhalb oder unterhalb von EA_i^c verlaufen, je nachdem ob u größer oder kleiner als $(t - u)$ ist[12].

In allen drei Fällen ist die Wirkung auf den Exportwert und damit auf die Handelsbilanz nicht eindeutig. Sie ist abhängig von der Preiselastizität der ausländischen Nachfrage nach inländischen Exportgütern. Der Exportwert sinkt, bleibt unverändert oder steigt bei steigenden Exportpreisen, wenn diese Elastizität größer, gleich oder kleiner als eins ist.

11. Während die dargestellten Maßnahmen zur Steigerung des Imports stets (abgesehen vom Grenzfall einer völlig starren Importnachfrage) die Handelsbilanz in der erstrebten Richtung beeinflussen, ist dies bei Maßnahmen zur Exporteinschränkung nur der Fall, wenn die Preiselastizität der Auslandsnachfrage nach Inlandsgütern hinreichend hoch ist. Steuerliche Maßnahmen zur Änderung der Handelsbilanzsituation, die an den Importen ansetzen, sind also erfolgversprechender als solche, die den Export zu beeinflussen suchen, zumal die Elastizitätsverhältnisse in der Realität nicht bekannt sind.

In der Modelldarstellung wurden spezifische Steuern (Mengensteuern) unterstellt. Die Resultate lassen sich jedoch mit geringen Modifikationen auf Wertsteuern übertragen.

Mengensteuern kommen vor allem für die spezielle Besteuerung einzelner Güter in Frage. Ihre Anwendung auf eine Vielzahl von Außenhandelsgütern wäre technisch sehr kompliziert, wenn auch nicht ausgeschlossen, wie das Beispiel des alten deutschen Zollsystems zeigt (bis 1951 wurden generell spezifische Zölle erhoben). Für die steuerliche Erfassung der Importe oder Exporte insgesamt ist jedoch eine Wertsteuer besser geeignet.

Selbstverständliche Voraussetzung für die Effizienz einer speziellen steuerlichen Maßnahme zur Beeinflussung der Zahlungsbilanz ist, daß die Größe, auf die sich die Maßnahme richtet (i.d.R. das Steuerobjekt bzw. die gesamtwirtschaftliche Bemessungsgrundlage), quantitativ im Rahmen der Zahlungsbilanz tatsächlich oder zumindest potentiell hinreichend gewichtig ist, so daß die zu erwartende Änderung dieser Größe

---

[11] Vgl. auch *Peffekoven*, Fig. 3.
[12] In Zeichnung 1 (importbeeinflussende Maßnahmen) und Zeichnung 2 (exportbeeinflussende Maßnahmen) sind gleiche Steuerbeträge t ($t = t^a = t^b = t^c$), jedoch unterschiedliche „Verzerrungsfaktoren" u (und damit unterschiedliche inländische Angebots- und Nachfragekurven) unterstellt.

zur gewünschten Veränderung des Zahlungsbilanzsaldos merklich beiträgt. Das ist gewöhnlich bei einzelnen Außenhandelsgütern nicht der Fall. Steuerliche Maßnahmen zur Beeinflussung der Exporte bzw. Importe bestimmter Waren kommen daher als effiziente Mittel der steuerlichen Zahlungsbilanzpolitik nur selten in Betracht (jedenfalls in Ländern, deren Außenhandel sich auf eine Vielzahl verschiedener Güter erstreckt). Sie könnten jedoch immerhin als ergänzende Maßnahmen zur Unterstützung anderer, gewichtigerer bzw. erfolgversprechenderer steuerlicher Eingriffe herangezogen werden.

Wenn die Importe und/oder Exporte insgesamt durch steuerliche Eingriffe getroffen werden sollen und die Außenhandelsgüter einen großen Teil der im Inland produzierten und verwendeten Güter überhaupt umfassen, so fallen die jeweils unter b) genannten Maßnahmen (Steuersenkung für Importgüter und gleichartige inländische Güter bzw. Steuererhöhung für Exportgüter, unabhängig von ihrer Verwendung im In- oder Ausland) aus dem Rahmen des Themas, da sie der Kategorie der allgemeinen Steuern zuzuordnen sind und ihre Wirkungen durch die Partialanalyse nicht adäquat erfaßt werden können.

12. Steuerliche Maßnahmen zur Beeinflussung der Exporte und der Importe können kombiniert werden. Theoretisch und praktisch besonders interessant ist die Kombination einer Wertsteuer auf Exporte und einer gleich hohen direkten oder indirekten Subvention für Importe, wie sie im Prinzip in der Bundesrepublik im Jahre 1968 realisiert worden ist[13]. Ein derartiges Maßnahmenbündel wirkt in bezug auf den internationalen Warenverkehr wie eine Aufwertung der inländischen Währungseinheit, nicht jedoch in bezug auf die anderen Komponenten der Zahlungsbilanz (Dienstleistungen, Kapitalverkehr). Die Importbegünstigung führt zu einer Erhöhung des Importwertes, die Exportbesteuerung in Abhängigkeit von der Elastizität der Auslandsnachfrage nach Inlandsgütern zu einem niedrigeren, gleichbleibenden oder steigenden Exportwert. Der Gesamteffekt ist — abgesehen von dem „pessimistischen" Fall sehr niedriger Nachfrageelastizitäten und relativ hoher Angebotselastizitäten — eine Passivierung der Handelsbilanz.

13. Bei der Darstellung der Wirkungen spezieller Steuern zur Beeinflussung der Handelsbilanz ist mit der Cet.-par.-Annahme gearbeitet worden. Die Resultate gelten also nur unter relativ restriktiven Bedingungen und sind zu modifizieren, wenn realitätsnähere Annahmen getroffen werden.

---

[13] Durch das Gesetz über Maßnahmen zur außenwirtschaftlichen Absicherung vom 29. 11. 1968, BGBl. I, S. 1255.

Vielfach ist die Exportgüterproduktion in mehr oder minder starkem Maße abhängig von importierten Gütern (Rohstoffen, Vorprodukten); eine Minderung bzw. Steigerung der Exporte führt zu einer u. U. relativ starken Einschränkung bzw. Ausweitung der Importe. Zahlungsbilanzpolitisch orientierte Maßnahmen zur Einschränkung bzw. Erhöhung des Exports, deren Ergebnis wegen der tendenziell gegenläufigen Entwicklung von Exportmengen und -preisen von vornherein fragwürdig ist, werden dadurch noch problematischer. Selbst bei einer Preiselastizität der Auslandsnachfrage nach Inlandsgütern von über 1, die zu einer Veränderung des Exportwerts in der gewünschten Richtung führt (z. B. zu einer Abnahme bei einer Besteuerung des Exports), kann der passivierende Effekt der Exportänderung durch einen induzierten aktivierenden Effekt der Importänderung (Minderung des Importwertes) überkompensiert werden.

Ist die Elastizität der Auslandsnachfrage nach Inlandsgütern relativ niedrig und die Importabhängigkeit des Exports hoch, so kann ein *passivierender* Effekt auf die Handelsbilanz durch eine *Begünstigung* des Exports erreicht werden (der Exportwert bleibt gleich oder sinkt, der Importwert steigt).

Andererseits wird bei hoher Importabhängigkeit des Exports u. U. auch die handelsbilanzpolitisch erwünschte Wirkung steuerlicher Maßnahmen zur Importbeeinflussung beeinträchtigt: Die Importbegünstigung beinhaltet in diesem Fall eine versteckte Exportsubvention; Importpreissenkungen können dann auf die Exportgüterpreise durchschlagen; bei niedriger Elastizität der Auslandsnachfrage nach Inlandsgütern wird der Exportwert u. U. sinken (erwünschter Effekt); zugleich wird aber die Elastizität der inländischen Importnachfrage ebenfalls relativ niedrig sein, so daß der Importwert wegen des kleinen Mengeneffektes nur in geringerem Maße steigt.

Hohe Elastizität der Auslandsnachfrage nach Inlandsgütern dagegen bedeutet bei dem angenommenen engen Zusammenhang zwischen Export und Import auch hohe Elastizität der inländischen Importnachfrage (starke Reagibilität des Importwertes — erwünschter Effekt), andererseits aber auch eine relativ starke Reaktion des Exportwertes in handelsbilanzpolitisch unerwünschter Richtung.

In diesem Zusammenhang ist darauf hinzuweisen, daß isolierte steuerliche Importbegünstigungen (ohne gleichzeitige Exportbesteuerung) dazu führen können, daß Güter zusätzlich importiert und dann unter Ausnutzung der (direkten oder indirekten) Importsubvention unverändert oder verarbeitet wieder reexportiert werden.

14. Die Ergebnisse der Zolltheorie und der Steuerwirkungslehre, wie sie hier vorgetragen wurden, werden unter der Annahme gegebener

Angebots- und Nachfragefunktionen abgeleitet. Diese Annahme ist bei unterschiedlicher Preisentwicklung im In- und Ausland zu modifizieren.

Unterstellt man insbesondere stärkere Preissteigerungstendenzen im Ausland, so verschieben sich Angebots- und Nachfragekurven des Auslandes nach oben. Die Wirkung steuerlicher Maßnahmen des Inlandes, die zur Passivierung der Handelsbilanz die Importe verbilligen und/oder die Exporte verteuern sollen, kann dann durch die Preisentwicklung im Ausland kompensiert oder überkompensiert werden; d. h. die Handelsbilanz wird effektiv nicht passiviert oder gar aktiviert. Immerhin wirken die steuerlichen Eingriffe, isoliert betrachtet und entsprechende Elastizitätsverhältnisse vorausgesetzt, primär tendenziell passivierend, d. h. sie verhindern eine noch stärkere Aktivierung der Handelsbilanz im Gefolge der ausländischen Preissteigerungen.

15. Eine Beeinflussung der Handelsbilanz kann nicht nur mit Hilfe indirekter (Produktions-)Steuern, sondern auch mittels spezieller Maßnahmen im Rahmen direkter Steuern, insbesondere der Einkommensteuer und Körperschaftsteuer, angestrebt werden. Als mögliche Methoden werden genannt[14]:

— ungünstigere bzw. günstigere Behandlung der tatsächlichen Export- bzw. Importgewinne;

— Veränderung der Steuerbemessungsgrundlage durch Hinzurechnungs- oder Abzugsposten bzw. Abzüge von der Steuerschuld oder Zulagen;

— Bewertungsänderungen.

Eine gesonderte Behandlung von Gewinnen aus Exporten oder Importen ist technisch nicht durchführbar. Bewertungserleichterungen sind technisch kompliziert und in ihrer Effizienz als importfördernde Maßnahme fragwürdig.

Begünstigungen bzw. Diskriminierungen von Importen oder Exporten durch Abzüge von bzw. Zuschläge zu der Bemessungsgrundlage (Gewinn bzw. Einkommen) oder zur Steuerschuld sind technisch möglich und als exportfördernde Maßnahmen früher angewandt worden[15]. Je nach Ausgestaltung im einzelnen werden Importe oder Exporte effektiv verbilligt oder verteuert, und zwar generell nicht in einheitlichem Ausmaß für alle Importeure bzw. Exporteure. Die Möglichkeit, eine derartige Begünstigung auszunutzen, setzt das Vorhandensein einer Steuerschuld — d. h. also ein steuerpflichtiges Einkommen — voraus. Sofern die

---

[14] Vgl. den Bericht der Bundesregierung über „Steuerliche Möglichkeiten der außenwirtschaftlichen Absicherung" vom 19. 3. 1969 (Bundestagsdrucksache V/4015), Tz. 72.
[15] Gesetz über steuerliche Maßnahmen zur Förderung der Ausfuhr vom 28. 6. 1951 (BGBl. I S. 405).

Begünstigung bzw. Diskriminierung in Form eines Abzugs von bzw. eines Zuschlags zum steuerpflichtigen Einkommen ausgestaltet ist, variiert ihr Ausmaß außerdem mit der Höhe des marginalen Steuersatzes der progressiven Einkommensteuer. Wegen dieser differenzierten (indirekten) Preiswirkungen sind die Handelsbilanzeffekte schwieriger abzuschätzen; in der Tendenz dürften sie jedoch denen von vergleichbaren Maßnahmen im Bereich der indirekten Steuern entsprechen.

Bestimmte Formen der einkommensteuerlichen Begünstigungen (deren Ausmaß cet. par. von der Höhe des marginalen Steuersatzes abhängt), sind unter verteilungspolitischen Aspekten problematisch.

16. Spezielle steuerliche Maßnahmen zur Beeinflussung der Handelsbilanz, wie sie hier dargestellt wurden, belasten oder entlasten in allen Fällen einseitig bestimmte Güter oder Gütergruppen bzw. treffen gleichartige Güter unterschiedlich je nach Herkunft oder Verwendung (Inland - Ausland). Sie wirken insofern diskriminierend und wettbewerbsverzerrend (vgl. aber Ziff. 5, oben).

Durch internationale Verträge (GATT, OECD) sind Diskriminierungen der Einfuhr und direkte wie indirekte Exportsubventionen ausgeschlossen bzw. untersagt. Die Bestimmungen des GATT bzw. der OECD lassen „eine steuerliche Beeinflussung des grenzüberschreitenden Warenverkehrs grundsätzlich nur nach Art einer ‚Einbahnstraße' in Richtung einer Förderung der Einfuhr sowie Erschwerung der Ausfuhr" zu[16].

17. Eine *Veränderung der Kapitalbilanz* in passivierender Richtung ist durch eine Steigerung des Kapitalexports und/oder durch eine Einschränkung des Kapitalimports zu erreichen, eine Aktivierung durch Minderung des Exports und/oder Ausdehnung des Imports von Kapital.

Als wesentliche Bestimmungsfaktoren für den privaten Kapitalimport und -export sind Zins- bzw. Ertragsdifferenzen vergleichbarer Kapitalanlagen im Inland und Ausland anzusehen. Das gilt vor allem für den langfristigen Kapitalverkehr, aber auch für einen Teil der kurzfristigen internationalen Kapitalbewegungen, soweit es sich nicht um induzierte Transaktionen (insbesondere Gegenposten zu Waren- und Dienstleistungstransaktionen) oder um spekulative Transaktionen handelt (Kursspekulation).

Zur Beeinflussung der Kapitalbilanz erscheinen daher steuerliche Maßnahmen als geeignet, die sich auf eine Veränderung der internationalen Zins- und Ertragsrelationen richten. In erster Linie kommen hierfür die Besteuerung des Kapitalverkehrs, der Kapitalerträge und

---

[16] Bericht d. Bundesregierung über „Steuerliche Möglichkeiten der außenwirtschaftlichen Absicherung", Tz. 25.

spezielle Begünstigungen bzw. Diskriminierungen im Rahmen der Einkommensbesteuerung in Frage.

18. *Kapitalexporte* können, sofern der Kapitalverkehr generell besteuert wird, durch Steuerpräferenzen oder Befreiung von der *Kapitalverkehrsteuer* gefördert werden, andernfalls durch negative Besteuerung (direkte Subventionen). Derartige Maßnahmen diskriminieren die Kapitalanlage im Inland gegenüber der im Ausland. Sie lassen einen verstärkten Kapitalexport zu Lasten der inländischen Kapitalanlagen (u. U. — jedoch weniger wahrscheinlich — auch zu Lasten des inländischen Konsums) erwarten.

Diese Form der Begünstigung des Kapitalexports wirkt wie eine Erhöhung der Nettorendite der ausländischen Kapitalanlagen. Ist die Höhe der Steuerpräferenz bzw. der Subvention dem exportierten Kapitalbetrag proportional, so ist die Auswirkung auf die Nettorendite um so höher, je kurzfristiger die Anlage im Ausland ist; langfristiger Kapitalexport wird gegenüber kurzfristigem relativ diskriminiert. Diesem Effekt könnte durch eine Staffelung der Präferenzen in Abhängigkeit von der Dauer der Anlage begegnet werden[17]. Die Voraussetzung hierfür, daß die Dauer der Kapitalanlagen stets bestimmt werden kann, ist jedoch unrealistisch.

19. Die Begünstigungen im Rahmen der Kapitalverkehrsbesteuerung können sich grundsätzlich auf den gesamten Kapitalexport oder nur auf bestimmte Formen beziehen. Eine umfassende Begünstigung des gesamten Kapitalexports — einschließlich des kurzfristigen Geldexports der Banken — kommt nicht in Frage, weil sie letztlich auf ein Abgehen vom einheitlichen Wechselkurs hinauslaufen würde. Überdies kann eine Begünstigung des ganz kurzfristigen Kapitalexports kaum erwünscht sein; falls der Reimport der ins Ausland geflossenen Geldmittel nicht durch steuerliche Maßnahmen oder direkte Kontrollen verhindert wird, können die Gelder sehr bald wieder zurückfließen. Im Falle der Subventionierung ergibt sich darüber hinaus die Möglichkeit, sie immer wieder neu zu exportieren und die Begünstigung mehrfach in Anspruch zu nehmen.

---

[17] Entsprechend der Regelung im Rahmen der amerikanischen Zinsausgleichsteuer, die 1964 mit der Absicht eingeführt wurde, den Kapitalexport der USA zu reduzieren: Für Käufe von ausländischen Obligationen wurden, gestaffelt nach der Restlaufzeit der Papiere, unterschiedliche Steuersätze vorgesehen (zwischen 2,75 % des Kurswertes bei einer Laufzeit von 3 - 3½ Jahren und 15 % bei 28½ Jahren und mehr), mit dem Ziel, die Nettorendite grundsätzlich unabhängig von der Restlaufzeit um einen einheitlichen Satz von etwa 1 % zu verringern. Käufe ausländischer Aktien wurden dem Steuersatz von 15 % unterworfen. Vgl. *Richard N. Cooper*, The Interest Equalization Tax: An Experiment in the Separation of Capital Markets, in: Finanzarchiv, N. F. Bd. 24 (1965), S. 450.

Eine partielle Begünstigung bestimmter Kapitalanlagen im Ausland verspricht partiellen Erfolg: Sofern die Subvention hoch genug ist, wird der Kapitalexport in der begünstigten Anlageform zunehmen. Zwischen den verschiedenen Formen der Kapitalanlage im Ausland bestehen aber mehr oder minder enge Substitutionsbeziehungen, und zwar häufig engere als zwischen vergleichbaren Inlands- und Auslandsanlagen. Daher wird i. d. R. der Erhöhung des Kapitalexports in der begünstigten Anlage eine Minderung des Kapitalexports in nicht begünstigten, also relativ diskriminierten Formen gegenüberstehen; dies in um so stärkerem Maße, je begrenzter (partieller) die Begünstigung ist. Der Gesamteffekt auf den Kapitalexport dürfte bei partiellen Begünstigungen im allgemeinen nicht beträchtlich sein[18].

20. Zur Förderung des *Kapitalexports* kann die *Besteuerung der Erträge aus Kapitalanlagen* im Ausland verringert oder aufgehoben werden. Dadurch steigen die Nettorenditen der Auslandsanlagen, und zwar unabhängig von der Laufzeit in gleichem Maße. Eine Diskriminierung längerfristiger Anlagen, wie sie bei einer einheitlichen, dem Preis proportionalen Begünstigung im Rahmen der Kapitalverkehrsteuer zu verzeichnen war, ergibt sich hier nicht. Die Rendite kann direkter und angesichts der üblicherweise niedrigen Sätze der Kapitalverkehrsteuern in stärkerem Maße beeinflußt werden. Grundsätzlich ist es wiederum möglich, sämtliche Kapitalanlagen im Ausland zu begünstigen oder nur bestimmte Formen. Die umfassende Begünstigung ist bei der Besteuerung der Kapitalerträge nicht so problematisch wie bei der des Kapitalverkehrs. Partielle Begünstigungen für die Erträge aus bestimmten Anlagen sind jedoch den gleichen Einwänden ausgesetzt wie partielle Begünstigungen im Rahmen der Kapitalverkehrsbesteuerung.

21. Im Rahmen der *Einkommensbesteuerung* kann der *Kapitalexport* vor allem durch

— die Möglichkeit des Abzugs eines Teilbetrages neuer Auslandsanlagen von der Bemessungsgrundlage Einkommen bzw. von der Steuerschuld; und/oder

— die Einräumung von Bewertungsabschlägen sowie von steuerfreien Rücklagen

begünstigt werden[19].

---

[18] Hierfür sprechen auch die Erfahrungen mit der amerikanischen IET, die — in umgekehrter Richtung angewandt — zwar zu einer deutlichen Senkung der steuerlich diskriminierten Kapitalexporte führte, nicht aber zu einer Minderung des Kapitalexports insgesamt. Vgl. Cooper, S. 454 ff., S. 469 f.

[19] Vgl. Bericht der Bundesregierung, Tz. 100 und § 34 d. EStG., der entsprechende Begünstigungen für Kapitalanlagen in Entwicklungsländern vorsieht.

In diesem Zusammenhang ist auch die direkte Begünstigung des Kapitalexports durch Prämien anzuführen.

Derartige Maßnahmen, die indirekt die Rendite von Auslandsanlagen erhöhen, versprechen wenig Erfolg und sind auch unter anderen Aspekten fragwürdig. In mancher Hinsicht sind die Probleme den bei der Kapitalverkehrsbesteuerung genannten ähnlich. Eine allgemeine Begünstigung des Kapitalexports auf diesem Wege ist technisch nicht möglich. Partielle Begünstigungen dürften nicht zu einer erheblichen Steigerung des Kapitalexports insgesamt führen. Die Verknüpfung der Begünstigung mit der Einkommensbesteuerung ist verteilungspolitisch problematisch.

22. Die Förderung des Kapitalexports mit dem Ziel, die Zahlungsbilanz zu passivieren, ist generell problematisch, weil eine Ausweitung des Kapitalexports vielfach eine Aktivierung der Leistungsbilanz zur Folge hat („Bumerang-Effekt"). Das gilt insbesondere dann, wenn die Förderung des Kapitalexports der Kompensation chronischer Leistungsbilanzüberschüsse dienen soll, die strukturell bzw. durch stärkere Inflationierung im Ausland bedingt sind. Der Bumerang-Effekt ist nach Ausmaß und Zeitpunkt bzw. zeitlicher Verteilung bei den verschiedenen Formen des Kapitalexports unterschiedlich (z. B. im allgemeinen bei Entwicklungshilfekrediten — insbesondere solchen, die an eine Verwendung im Kapitalexportland gebunden sind — stärker und „schneller" als bei unternehmerischen Direktinvestitionen im Ausland), wird aber regelmäßig früher oder später im Gefolge einer forcierten Kapitalausfuhr auftreten und dann u. U. die Zahlungsbilanzschwierigkeiten verschärfen.

23. Zur Einschränkung der Kapitaleinfuhr könnte der *Kapitalimport* mit einer neuen bzw. erhöhten *Kapitalverkehrsteuer* belegt werden. Wirkungsweise und Probleme sind weitgehend denen von Präferenzen im Rahmen der Kapitalverkehrsteuern analog, wie sie oben dargestellt worden sind. Ergänzend ist auf die Schwierigkeiten hinzuweisen, den grenzüberschreitenden Kapitalverkehr steuerlich zu erfassen. Dieses Problem ist naturgemäß bei diskriminierenden Maßnahmen (positiven Steuern) erheblich größer als bei Begünstigungen (insbes. negativen Steuern). Bestimmte Formen des Kapitalimports, wie die Kreditaufnahme inländischer Unternehmen bei ausländischen Banken, dürften überhaupt nicht hinreichend steuerlich zu erfassen sein, es sei denn mit Hilfe scharfer administrativer Kontrollen.

24. Eine verstärkte *Besteuerung der Erträge von ausländischen Kapitalanlagen im Inland* wäre ein mögliches Mittel zur Einschränkung der Kapitaleinfuhr. Auch in diesem Zusammenhang gilt, daß die Gesamt-

heit der Erträge der Auslandsanlagen im Inland kaum zu erfassen ist (insbesondere wiederum die aus Krediten ausländischer Banken), partiell wirkende Maßnahmen wegen der Substitutionsmöglichkeiten aber wenig Erfolg versprechen. Als bedeutsames Hindernis für die Effizienz erhöhter Kapitalertragsteuern wirkt außerdem der Tatbestand, daß auf Grund von Doppelbesteuerungsabkommen eine effektive Höherbelastung der Erträge vielfach nicht eintritt.

Zu den partiellen, einen bestimmten Teilbereich des internationalen Kapitalverkehrs treffenden steuerlichen Maßnahmen ist die deutsche „Kuponsteuer" zu rechnen. Sie wurde 1965 mit dem Ziel eingeführt[20], den Kapitalzufluß aus dem Ausland, insbesondere den in Form von Käufen inländischer festverzinslicher Wertpapiere durch Ausländer, zu reduzieren. Zu diesem Zweck wurden im Inland anfallende Zinsen aus Anleihen und ähnlichen Forderungen ausländischer Gläubiger einer Kapitalertragsteuer (Quellensteuer) von 25 % unterworfen, so daß im Prinzip die Nettorendite entsprechend sank und der Anreiz zur Anlage ausländischen Kapitals in dieser Form schwand.

Die Kuponsteuer erwies sich kurzfristig als sehr wirksames Mittel. Allein die Ankündigung dieser Steuer führte dazu, daß Neuanlagen des Auslandes in deutschen Rentenwerten per Saldo unterblieben und sogar ein Kapitalrückfluß einsetzte. Diese Entwicklung ist bis zu einem gewissen Grade darauf zurückzuführen, daß durch die Kuponsteuerpläne das Vertrauen des Auslandes in die Liberalität der deutschen Außenwirtschaftspolitik zunächst empfindlich beeinträchtigt wurde. Mittelfristig waren auch in diesem Fall einer speziellen Kapitalertragsteuer erhebliche Substitutionseffekte zu konstatieren: Das Auslandskapital suchte anstelle festverzinslicher Wertpapiere Anlageformen, deren Erträge nicht der Kuponsteuer unterliegen[21].

In der Diskussion um die Kuponsteuer spielen die diskriminierenden Wirkungen dieser Steuer eine große Rolle. Die Auseinandersetzung gibt ein gutes Bild von der vorn (Zi. 5) konstatierten Fragwürdigkeit wertender Aussagen, die auf „Diskriminierung" und „Wettbewerbsverzerrung" hinweisen. Dies zeigt die folgende Auswahl z. T. einander entgegengesetzter Argumente.

1. Die Kuponsteuer trifft nur Kapitalerträge von Ausländern, sie ist eine Sondersteuer für „Gebietsfremde", die diskriminiert werden.
2. Die Kuponsteuer trifft nur Kapitalerträge von Ausländern, jedoch unterliegen die entsprechenden Kapitalerträge von Inländern seit eh und je

---

[20] Durch Gesetz vom 25. 3. 65, BGBl. I S. 147.
[21] Insbesondere nahmen die Käufe von DM-Auslandsanleihen durch Ausländer deutlich zu; insoweit handelt es sich um eine Kombination von Kapitalimport und Kapitalexport, die den Saldo der Kapitalbilanz unverändert ließ. — Vgl. *Siegfried Menrad*, Die Auswirkungen der Kuponsteuer, in: Schmollers Jahrbuch für Gesetzgebung, Verwaltung und Volkswirtschaft, 86. Jg. (1966), S. 301 ff.

zwar nicht der Kapitalertragsteuer, wohl aber der Einkommensteuer; d. h. die Kuponsteuer beinhaltet keine Diskriminierung, sondern im Gegenteil die Beseitigung einer Begünstigung für Ausländer.

3. Die Kuponsteuer führt i. d. R. nicht zu einer effektiven Änderung der Steuerbelastung für ausländische Anleihegläubiger, da Kuponsteuerzahlungen auf Grund von Doppelbesteuerungsabkommen im allgemeinen zu einer entsprechenden Minderung der Steuerpflicht in den Wohnsitzländern der Kuponsteuerzahler führen; d. h. die Kuponsteuer wirkt letztlich weder diskriminierend noch begünstigend, weder verzerrend noch „entzerrend".

4. Inländer haben die — auch vielfach genutzte — Möglichkeit, Kapitalerträge aus Anleihen u. ä. (die nicht dem Quellenabzugsverfahren unterliegen) der Besteuerung zu entziehen. Ausländer hatten vor Einführung der Kuponsteuer die gleiche — auch vielfach genutzte — Möglichkeit; sie wird ihnen durch die Kuponsteuer (Quellensteuer) genommen, so daß die Ausländer insoweit trotz Doppelbesteuerungsabkommen zusätzlich belastet, also gegenüber Inländern diskriminiert werden. (Mit diesem Argument wird die Diskussion auf eine ethisch besonders fragwürdige Ebene verschoben.)

25. Spezielle Diskriminierungen für Kapitalimporte im Rahmen der Einkommensbesteuerung sind kaum möglich.

26. Die einzelnen Formen des Kapitalexports und -imports sind nicht in gleicher Weise zinsempfindlich; sie reagieren in unterschiedlichem Maße auf Verschiebungen der internationalen Zinsrelationen, wie sie mit den genannten steuerlichen Maßnahmen herbeigeführt werden können. Auf Teilgebieten des Kapitalverkehrs besteht heute ein weitgehend einheitlicher Markt über nationale Grenzen hinweg (z. B. für festverzinsliche Wertpapiere bestimmter Qualität); Veränderungen der internationalen Zinsdifferenzen haben hier erhebliche internationale Kapitalbewegungen zur Folge. Andere Formen des Kapitalexports und -imports, wie unternehmerische Direktinvestitionen, werden dagegen verhältnismäßig wenig durch Verschiebungen in den Ertragsrelationen (vor allem durch solche kurzfristiger Art) beeinflußt.

Spekulative kurzfristige Kapitalbewegungen (die durch die Erwartung an sich systemwidriger Wechselkursänderungen ausgelöst werden) sind außerordentlich zinsunempfindlich und durch steuerliche Maßnahmen, die primär die internationalen Zinsrelationen verändern, kaum zu greifen. Sie könnten durch eine allgemeine Devisenverkehrsteuer (Steuerobjekt: Ankauf und Verkauf von Devisen), die unmittelbar die Kosten der kurzfristigen internationalen Kapitalbewegungen erhöht, bei entsprechender Ausgestaltung wohl in erheblichem Maße beeinflußt (primär beschränkt) werden; eine derartige Steuer wäre jedoch mit dem System fixer Wechselkurse grundsätzlich unvereinbar, da sie praktisch eine (je nach Steuersatz mehr oder minder starke) Erweiterung der Bandbreiten bewirken würde.

27. Unter den speziellen steuerlichen Maßnahmen zur Beeinflussung der Zahlungsbilanz erscheinen in erster Linie Begünstigungen bzw. Diskriminierungen des Warenimports im Rahmen der indirekten Steuern als erfolgversprechend, daneben — mit erheblichen Vorbehalten — Präferenzen bzw. Diskriminierungen des Kapitalexports durch differenzierte Besteuerung der Kapitalerträge.

Die Beurteilung hängt jedoch wesentlich davon ab, ob die steuerlichen Maßnahmen kurzfristig zur Überwindung zeitlich begrenzter Zahlungsbilanzschwierigkeiten oder langfristig zur Bekämpfung fundamentaler Zahlungsbilanzungleichgewichte eingesetzt werden sollen. Als Instrumente kurzfristiger Zahlungsbilanzpolitik haben steuerliche Maßnahmen eine Reihe von Nachteilen — die sie allerdings weitgehend mit anderen Instrumenten teilen: den oft erheblichen time lag bis zum Wirksamwerden der Maßnahmen, die Verunsicherung der Wirtschaft durch häufige Eingriffe. Auch die Effizienz kurzfristig ausgerichteter steuerlicher Maßnahmen ist in Frage gestellt. Es können unerwünschte Ankündigungswirkungen auftreten, nicht nur bei der Einführung, sondern auch bei der Aufhebung einer steuerlichen Maßnahme.

Wenn von vornherein eine begrenzte zeitliche Geltung der neuen steuerrechtlichen Normen zu erwarten ist, werden die Wirtschaftssubjekte möglicherweise auf Grund längerfristig orientierter Überlegungen veranlaßt, sich an die neue Datenkonstellation in geringerem Maße anzupassen, als wenn sie mit der dauernden Geltung der Steueränderung rechnen. Das wird besonders deutlich bei einer zeitlich begrenzten Maßnahme im Rahmen der Kapitalertragsbesteuerung, die die Nettorendite langfristiger Kapitalanlagen erheblich weniger beeinflußt als eine entsprechende Maßnahme ohne zeitliche Begrenzung. Wird ein steuerlicher Eingriff zur Veränderung der Zahlungsbilanzsituation als kurzfristig deklariert und von den privaten Wirtschaftssubjekten so angesehen, obwohl ein fundamentales Zahlungsbilanzungleichgewicht gegeben und auf mittlere Sicht eine Wechselkursänderung zu erwarten ist, so vermag die steuerliche Maßnahme spekulative Devisenbewegungen eher zu fördern als zu verhindern, so daß sich das Ungleichgewicht vergrößert und eine Wechselkursänderung erzwungen wird.

Als Mittel zur längerfristigen Korrektur der Zahlungsbilanzsituation bei fundamentalen Ungleichgewichten können steuerliche Maßnahmen zur Beeinflussung des Warenimports (und insbesondere kombinierte export- und importwirksame Maßnahmen wie die zur außenwirtschaftlich Absicherung) als geeignet angesehen werden[22]. Wegen der Verletzung

---

[22] Dies gilt für „stabile" Ungleichgewichte, die sich auch durch eine einmalige Wechselkursänderung beseitigen ließen, nicht für Fälle, in denen — insbesondere etwa infolge unterschiedlicher Inflationsraten im In- und Ausland — eine Tendenz zur laufenden Verstärkung des Ungleichgewichts gegeben ist.

internationaler Rechtsnormen bzw. anerkannter Grundsätze und wegen ihres begrenzten Wirkungsbereichs (nur Warenverkehr, nicht Dienstleistungen und Kapitalverkehr) sind sie jedoch alternativen währungspolitischen Maßnahmen wie Wechselkursänderungen (im System der Stufenflexibilität) bzw. dem Übergang zu flexiblen (oder doch flexibleren) Kursen unterlegen.

Eine einmalige Differenzierung der Kapitalertragsteuer für inländische und ausländische Kapitalerträge könnte längerfristig nur dann die Abschottung der inländischen Zinssätze vom internationalen Zinszusammenhang sichern und zur Überwindung eines fundamentalen Zahlungsbilanzungleichgewichts wirksam beitragen, wenn die Zinsrelationen zwischen Inland und Ausland sich längerfristig nicht erheblich verändern. Damit ist aber nicht zu rechnen.

Insgesamt muß daher das Urteil über spezielle steuerliche Maßnahmen zur Beeinflussung der Zahlungsbilanz im wesentlichen negativ ausfallen.

Summary

It is the purpose of the study to find out whether special tax measures are suitable means for influencing the balance of payments (trade balance and balance of capital transactions).

As special tax measures are considered those which change primarily prices, costs or proceeds of *specific* goods (groups of goods, factors, investments, etc.) and thus influence the balance of payments. The author deals in particular with the taxation or tax relief of specific import and/or import substitution goods (in order to change the import value) and with comparable measures in the field of export goods (in order to vary the export value). As a means for influencing the balance of capital transactions, he considers above all capital transactions taxes and capital yield taxes.

The result of the theoretical investigation is that, among special tax measures, the promotion of, or the discrimination against, commodity imports through indirect taxation should still be best suited to influence the balance of payments. There are, however, also some weighty arguments tending to call their efficiency in question. On the whole, the author gives a largely negative opinion concerning the suitability of the instruments mentioned for influencing the trade balance and the balance of capital transactions.

Printed by Libri Plureos GmbH
in Hamburg, Germany